理尚往來

新未來公民的品德素養

洪蘭——著

《大眾心理學叢書》出版緣起

王榮文

一九八四年，在當時一般讀者眼中，心理學還不是一個日常生活的閱讀類型，它還只是學院門牆內一個神祕的學科，就在歐威爾立下預言的一九八四年，我們大膽推出《大眾心理學全集》的系列叢書，企圖雄大地編輯各種心理學普及讀物，迄今已出版達二百種。

《大眾心理學全集》的出版，立刻就在台灣、香港得到旋風式的歡迎，翌年，論者更以「大眾心理學現象」為名，對這個社會反應多所論列。這個閱讀現象，一方面使遠流出版公司後來與大眾心理學有著密不可分的聯結印象，一方面也解釋了台灣社會在群體生活日趨複雜的背景下，人們如何透過心理學知識掌握發展的自我改良動機。

但十年過去，時代變了，出版任務也變了。儘管心理學的閱讀需求持續不衰，我們仍要虛心探問：今日中文世界讀者所要的心理學書籍，有沒有另一層次的發展？

在我們的想法裡，「大眾心理學」一詞其實包含了兩個內容：一是「心理學」，指出叢書的範圍，但我們採取了更寬廣的解釋，不僅包括西方學術主流的各種心理科學，也包括規範性的東方心性之學。二是「大眾」，我們用它來描述這個叢書「閱讀介面」，大眾，是一種語調，也是一種承諾（一種想為「共通讀者」服務的承諾）。

經過十年和二百種書，我們發現這兩個概念經得起考驗，甚至看來加倍清晰。但叢書要打交道的讀者組成變了，叢書內容取擇的理念也變了。

從讀者面來說，如今我們面對的讀者更加廣大、也更加精細（sophisticated）；這個叢書同時要了解高度都市化的香港、日趨多元的台灣，以及面臨巨大社會衝擊的中國沿海城市，顯然編輯工作是需要梳理更多更細微的層次，以滿足不同的社會情境。

從內容面來說，過去《大眾心理學全集》強調建立「自助諮詢系統」，並揭櫫「每冊都解決一個或幾個你面臨的問題」。如今「實用」這個概念必須有新的態度，一切知識終極都是實用的，而一切實用的卻都是有限的。

這個叢書將在未來，使「實用的」能夠與時俱進（update），卻要容納更多「知識的」，使讀者可以在自身得到解決問題的力量。新的承諾因而改寫為「每冊都包含你可以面對一切問題的根本知識」。

在自助諮詢系統的建立，在編輯組織與學界連繫，我們更將求深、求廣，不改初衷。

這些想法，不一定明顯地表現在「新叢書」的外在，但它是編輯人與出版人的內在更新，叢書的精神也因而有了階段性的反省與更新，從更長的時間裡，請看我們的努力。

理尚往來

目錄

第二篇 啟發思辨【Explanation】

第三篇 勸勉激勵【Exhortation】

第四篇 環境形塑【Environment】

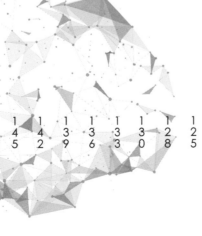

第五篇　體驗反思【Experience】

第六篇　正向期許【Expectation】

推薦序

舉例與比喻

黃春明

洪蘭教授又有新書出版之前，遠流出版公司要我寫一篇序；當然，那一定是經過洪教授的默許，不然出版社那敢隨便做主，也因為如此，令我十分為難。

洪教授我雖不曾登門拜師，也無緣做過她的學子，但是，我除了拜讀她的著作之外，也有過多次機會的聚會，耳聞春風，又當面請益。另方面，遠流出版公司的老闆王榮文，他又是多年的好友；早年我們生活陷入困境時，他出了我的兩本書：《鄉土組曲》、《我們的動物園》，他預支版稅，還讓我太太帶著六歲的小黃國峻，在台北圓山動物園賣書。在這樣的關係，前者默許，後者邀請之下，我很難婉拒。如果序文寫得文不對題、辭不達意，我想洪蘭教授和王榮文先生，也該分攤一部分責任吧。

如果我說我的序文，只不過是錦上添花的話，多多少少有自抬身價的嫌疑。其實在為難之餘，寫一點先拜讀洪教授新集子的心得，也可以自己找個自在一點的理由。

我年近八十了，只剩一張嘴，偶爾也有人邀請演講，在盛情難卻之下，倚老賣老：「我吃的鹽巴，比你吃的米還要多。我過的橋，比你走的路還要長。」在這樣的意識下，就走上講台。我的演講內容千篇一律，大談「生活即是教育」為重點。當然它涵蓋生活的時代背景、生活文化、經濟環境，乃至於精神習慣、知識、實踐到創意、智慧、領悟等等有關人文的，想到哪裡就說到哪裡，題目嘛就像帽子一樣，像一個人戴帽子，隨時可以換來換去。這次有機會先拜讀洪教授的新集子裡面的理念和道理，我發現和我靠一張嘴信口開河的話語，有不少不謀而合的地方。這使我心安了一點，還滿足了我的虛榮心，自覺得英雄也好、英雌也罷，竟然所見類同哪。

其實洪教授為一般大眾寫的素養教材，都有這樣的特色，幾乎篇篇都有舉例或是比喻，來印證文章裡的道理和看法。並且這些例子或比喻，一方面是從生活中拈來，一方面是從她習慣閱讀的書海中撈出來，是絕大多數人的生活經驗，可理解的範圍裡摘舉出來的。所以文章裡面，再怎麼深奧的大道理、大學問，都像古時候母親先把食物放到嘴裡嚼爛了，再吐出來餵食幼兒；可能我舉的例子，以現代人來看會覺得噁心，可是我只能這樣比喻。我要說的是，傳達一些抽象的東西時，具體的舉例和比喻是不可缺的。

現在我要拿過去貧困的農業時代，占人口九十五%以上的農民，為什麼比起他人善良得多的事實，來印證比喻與舉例，在教育的功能上是何等地重要。我們都聽過這樣的一句俗諺：「半部《論語》治天下。」多少年來，在貧困的農業社會的農民，識字的大概不會超過一％，因為他們把所有的時間，全力投入勞動生產都嫌不夠，哪有人有條件去識字讀書，有的話也不成比例，沒有代表性。那時的農民文盲居多，當時的天下也是農民占絕大多數，那麼所謂的治天下，或是天下治也好，那就是說，整個天下的人都遵守《論語》提倡的、教導的四維八德：禮義廉恥、忠孝仁愛、信義和平的道德價值，甚至於成為行為的文法。這是怎麼做到的呢？農民不識字啊，就算識字，也不一定那麼簡單就讀得懂《論語》，並且才半部的《論語》，天下就治了；家庭有倫理了，社會有秩序了。

那麼《論語》是以什麼樣的教育方法，讓不識字的農民他們懂得《論語》的道德價值，再從道德的價值變成日常生活中，做人處世的行為的文法，讓社會有一個普世的價值，制約群眾的行為，內在的又成了自律的力量。這就是我們前面提到的舉例和比喻。文盲居多的農業社會，語言，特別是生活領域的語言，比讀書人豐富而又生動得多。當時就透過語言講古、講岳傳、講三國、目蓮救母、孟宗哭竹、孔融讓梨、趙氏孤兒等等不勝枚。故事裡面的內容離不開忠、孝、仁、愛、信、義等儒教，我們先不管裡面有不少沒人性的愚忠愚孝，但農民聽慣了這一類的道德的故事做為比喻或舉例，戲曲也唱這一類的道德故事，農民從不識字，到養成了有儒家思想的生活行為，可見比喻和舉例的能耐。反觀那少數識字的，還考上狀元的人，《論語》他們幾乎可以倒背如流，好應付科舉考試，可是在歷史上看到不忠不義不孝不廉的，為數不少都是讀書人，例如《鍘美案》的陳世美、《王魁負桂英》的王魁等等，他們當時都逃不過包大人的虎頭鍘！

讓我說話，有時像風箏斷線離題。趁手上還抓牢那一條線，好回到正題打住我的閒話碎語，再回到洪教授的這本新集子。目前台灣類似這樣的集子，寫得有東西，又容易消化的為數不多。能將普世的價值，還有一些教育上的新觀念，範圍又要涵蓋得廣，還要寫來生動有趣，老少咸宜，雅俗共賞，只有這樣的東西，才能成為大眾的素養或教養的教材，這本集子就是這樣的糧食。

在台灣這些年來，每年上山下海到偏遠地區，做上百次以上的演講，可能只有洪蘭教授一人吧。幾年前東元文教基金會要頒社會貢獻獎給她，主辦單位要印一本小冊子，同時要我為洪蘭教授寫幾句話。當時我不敢署名寫了一首詩〈What a wonderful 洪蘭〉，我就將這首詩做為本序文的句點吧。

蝴蝶蘭、東亞蘭、洋蘭……
看千看萬，五顏六色
各種各樣
受綺麗外觀的自我束縛
期盼他人的品頭論足
待在溫室、花店 待價自戀
被幽禁在雅房
渴望關愛的眼神自憐
縱然是國色天香
在世俗裡換算金錢之外
還是金錢
What a wonderful 洪蘭
在名蘭系譜不見經傳
在溫室雅房不見她的蹤影
在這不完美的社會裡

洪蘭花開在校園
洪蘭花開在深山
洪蘭開在下一代的苗圃
讓園丁們在她的身上
學習照顧下一代的幼苗
洪蘭！What a wonderful 洪蘭

品德教育之本

二十一世紀才開始十年，兩個懸崖就出現了，一個是顯性的財政懸崖，另一個是隱性的道德懸崖。這兩個懸崖都出自人心，也就是社會道德的墮落。財政的問題出在大家只追求享樂，不顧後果，只圖眼前，不管將來；政客為了選票，不加稅，但要加福利，選舉支票亂開，結果債留子孫。其實道德的問題又何嘗不是？大家天天高唱只要我喜歡，有什麼不可以，忘記了自由是以不妨礙他人的自由為原則，自由的後面是責任，大家以為的自由，不是真正的自由。佛洛伊德（Sigmund Freud）說：「大部分的人不是真正要自由，因為自由伴隨責任，而多數人害怕責任。」我們社會的問題就出在大家只要有自由不要負責任，只要權利不要義務，懸崖就出現了。

不知從何時起，官員看到立法委員，唯唯諾諾，立刻矮了半截；老師看到學生低頭而過，不敢多言；甚至國立大學的學生都可以在民主的議會殿堂咆哮，辱罵教育部長。

這種放肆行為是怎麼被寵出來的？我們怎麼能容忍這樣的「言論自由」？中國以前有位教育家陶行知曾說：「放蕩不是自由，因為放蕩做了私慾的奴隸，便失去了自由。」正常的愛並不會寵壞孩子，真正幸福的孩子是獲得自由的孩子，他在生活中獲得尊敬，所以他也學會尊重他人，因為尊重他人反映出他的尊重自己。反思之後，我們要檢討自己：這些辱罵官員的立法委員，這些咆哮師長的學生，是我們教育的失敗，我們沒有教好他的品德。

現在整個社會太看重物質，有錢的便是大爺，趾高氣昂，忘記了真正重要的東西是不能量販的——你的氣質、修養、品味。有一次黃富源教授來我們學校演講，他說「率直是很好的品質，但是禮貌是永遠不變的價值」，這個永遠的價值不能被別的藉口所取代（End does not justify the means.）。「禮義廉恥」這個做人做事的根本道理曾在扁政府時代被拆下來，丟到庫房，現在很多校長又重新把它掛回去。荀子說：「人無禮則不生，事無禮則不成，國家無禮則不寧。」禮怎麼可以丟掉？無禮則天下大亂。以前不能了解孔子為什麼說「爾愛其羊，我愛其禮」，這二十年來看到無禮的後果，深覺孔子是大智慧，禮義廉恥是維持這個社會不墜的「綱」！

高官貪防災的錢真是令人憤慨，台灣每年因天災喪失無數人命，若是這種錢都可以貪，什麼錢不能貪呢？每次看到這種新聞都會想起岳武穆說的「文官不愛財，武官不怕死」，若是這樣，國家怎麼會亡？但是「文官要錢不怕死，武官怕死又要錢」時，國家要怎麼辦？想來想去還是只有靠教育，正如曼德拉（Nelson Mandela）所說「教育是改變世界最勇猛的武器」。但是教育的責任不是只有在學校老師的身上，父母應負有最大的責任，因為模仿是最原始的學習。

父母浪費，孩子絕對不會惜物；反過來說，父母珍惜一絲一縷，孩子也不敢浪費。我們以前東西沒有壞不可以丟棄，現在是東西不流行了，便丟，完全沒想到你家的垃圾可能是別家的寶物，為何不把它捐出去，給想要的人用呢？我很想去建立一個這種平台，把別人不要的東西送到要的人手上。我很喜歡〈禮運大同篇〉那句「人盡其才，物盡其用，貨惡其棄於地也，不必為己」，它真的是達到理想世界最簡單的方法。

其實品德教育不難，它並不需要高深理論，尤其不需要長篇大論，但需要從生活中教起。我們很小的時候，母親便說「犯病的不吃，犯法的不做」，這句話很簡單，小孩子一聽便懂：犯病的東西吃下去會生病，小孩子天不怕、地不怕，就怕生病不能出去玩，連英雄都怕病來磨，所以父母平日把這種話掛在嘴邊，小孩耳濡目染，生病的不吃，連帶著犯法也不做了。

最近嚴長壽總裁出了一本新書《為土地種一個希望》，我覺得非常感動，人活著必須有希望，有希望才會有熱情，有熱情才會去創業，才會對自己有所要求。一碗安穩的飯是好吃，但是它就像雞肋，食之無味，棄之可惜，人總得對自己有所期許。意義治療學家弗蘭克（Viktor Frankl）在《活出意義來》（*Man's Search for Meaning*）一書中說：「重要的不是我們對生命有什麼期待，而是生命對我們有什麼期待。」其實人生沒有爬不過去的山，何妨放手一搏，至少要有李清照「生當為人傑，死亦為鬼雄，至今思項羽，不肯過江東」那種豪情。

我們可能無法馬上改變世界，但是我們能從改變自己做起，當每個人都改變了時，這世界也就隨之不同了。

第一篇

典範學習【Example】

1 種樹、護樹，保護地球

一個都市要美麗，一定要有樹木，尤其台灣的夏天非常炎熱，很需要樹蔭，但是每年盛夏都看到政府把可以遮蔭的大樹修剪成禿枝或攔腰砍成一半，真是令人扼腕嘆息。

碰巧看到一本好書《世界第一位樹醫生：約翰・戴維》，覺得在全球氣溫上升之際，這本書應該可以對台灣的環境保護產生一些好的觀念。

戴維（John Davey）是一八四六年出生在英國的農家，沒有念過什麼書，但他學習的態度很正確，**遇到事情會去追根究底——不只是知道怎麼做、什麼時候做，還要知道為什麼要這樣做**。其實這就是科學的精神，靠著這種精神，他自己琢磨出一套照顧樹的方法，最後成為獨一無二的樹醫生。

戴維雖然沒有念什麼書，但是他做人的品格和做事的態度很值得我們效法。從小，他的父親就告訴他：「一個人若做事負責，成果就會跟上，一個農場若要有好的收成，不能只關心農作物的栽培，還要關心周邊的樹木是否生長得好，因為有樹木，蜜蜂才會來採蜜幫忙授粉，有樹木風才不會摧殘農作物。」的確，有好的環境才會有好的成果，不但樹木如此，教育更是如此。環境對人的影響非常大，貧民窟的孩子在學習成就上比不過都會的孩子就是一例。

為了彌補童年失學之苦，戴維在一間小學做校工，藉機讀書。後來他成名了，有許多機會賺大錢，他都沒有去，他要教育民眾，因為他認為很多人是不了解樹，才會做出傷害樹而非故意的事。因此他辦的月刊不賣錢，他說「不用訂閱，因為我沒有時間去記錄你的地址，不用付費用，因為我沒有時間去寫收據。」這種完全為教育，不為名利的精神是我們的楷模，更是青少年模仿的對象。

一八七六年，美國電信局為了架電線要砍樹，他反對，同時提出了一個兩全其美的方法：保留高樹，但把中間會妨礙到電線的枝葉剪掉。後來新加坡政府就是用這種方法，使新加坡成為陰涼的花園城市（Garden City），將路燈融合進景觀燈之中，使老百姓獲得照明。書中講了很多他模仿大自然去修剪樹木，使樹長得更好、更強壯的方法，可以讓我們借鏡。

樹對我們生活的環境很重要，還使我們身心愉快，有益健康。有個實驗是讓膽結石開刀的病人，一半住在窗外有樹的病房，一半住在沒有窗戶面對牆壁的病房，結果前者比後者早了二．七天出院，用的嗎啡也比較少。

戴維說：「真正的窮人是不肯花一點錢去改善他環境的人。」一棵樹長在一個地方就賦予那個地方獨特的風采，一棵樹長在庭園就給庭園一個特質，一排樹長在街旁就給街道一個特徵。美國很多街都叫榆樹街、橡樹街，電影《亂世佳人》（*Gone with the Wind*）裡郝思嘉住的就是桃樹街。成功大學的校園中有一棵很大的榕樹，它是成大學生認同學校的一個標記，所以樹不是只是一棵樹而已，它有重要的心理特質。

現在地球暖化這麼嚴重，我們不但要種樹，還要用對的方式種樹，更要保護樹，只有多看書才能保護好我們唯一的地球。

2 從吃苦中學會生命的目的

一位芬蘭的鳥類學家，每年暑假都自費讓他的兒子去非洲挖水井、蓋廁所做志工。二〇二〇年因為非洲的新冠肺炎疫情嚴重，不能去，他便想到了陽光充足（北歐人特別喜歡陽光）疫情又不嚴重的台灣，問我台灣有沒有什麼青少年的公益活動，好讓他十三歲的孩子來參加。還問道：台灣有沒有從植物萃取、沒有化學物質的防蚊液？因為台灣有登革熱，他怕蚊子。

我想不通，如果會擔心，為什麼要讓孩子去做志工？他反問我：如果你在向風坡種樹，你會不會替樹加支撐？我說一定會，不然樹不被吹倒也會長歪。他說那就是了，芬蘭的社會福利好，出生在千禧年後的孩子完全不知道貧窮和匱乏的滋味，對國家和父母所提供的一切都認為是理所當然。他不知道如何教孩子感恩，只知道**讓他去過不同的生活，看到一樣是人，別人卻是這樣辛苦的在求生，他才會反思，才會對自己所擁有的感恩**。

好的品格是被感染的，不是被教導的。孩子必須從吃苦耐勞中，去培養適應環境的能力和改變世界的本事，自制力和自信心，是他希望孩子從志工經驗中鍛鍊出來的人格特質。

他說阿拉斯加、明尼蘇達氣候嚴苛地區的山雀，大腦掌管空間學習和記憶的海馬迴比美國中部堪薩斯、愛荷華的山雀大，裡面的神經元也多；生活在海拔高的白眉山雀也比在海拔低的海馬迴神經元的數量多了將近一倍，解決問題的能力也更強，因為環境會逼迫個體成長，那些艱苦地區的山雀必須正確記住埋藏種子的地方，當大風雪蓋住所有生機時，牠才能活到開春。

天下事，有失才有得，鳥為了要高飛，必須減輕重量，牠們拋棄了膀胱和右邊的卵巢，連生殖器官都只有在繁殖期才變大。人生很多教訓是嘴巴教不來的，只有早早讓孩子從吃苦中學會生命的目的。

一席話，說得我啞口無言。想不到他比我們還懂孟子的「苦其心志，勞其筋骨，餓其體膚」，知道一定要空乏其身，讓他行拂亂其所為，不停的受挫折後，長大才能動心忍性，承受大任。

3 年輕人成功的條件

我有好幾名應屆畢業生到八月了還未找到工作，他們的學弟妹看到了很害怕，跑來問我：「為什麼有人找得到工作，有人找不到？這中間的差別在哪裡？他們該如何準備好自己？」這是很好的問題，我推薦他們去看股王巴菲特（Warren Buffett）五十年的老搭檔蒙格（Charles Munger）的書，我覺得他的建議最中肯，他說：「**別為你不尊敬、不欽佩的人工作；別兜售你自己不會買的東西；只跟你喜歡的人共事**。」短短三句話就把年輕人成功的條件都說明白了。

人只有跟自己欽佩的人做事才能學到東西，如果你看不起這個人，怎麼可能從他身上學到任何東西？（這一點父母親一定要注意，不要在孩子面前詆毀老師，如果孩子不尊敬老師，老師的話他聽不進去）。蒙格說**每天起床時，努力使自己變得比昨天更聰明一點，每天慢慢往前挪，只要活得夠久，你就會得到你應得的東西**。他告訴年輕人天下沒有不勞而獲的東西。

這使我想起過去有個原住民村落大家出錢買彩券，希望能中大獎來蓋游泳池及復健醫院。結果花了四萬八千六百元只中了兩百元，我看了很替他們難過。他們忘了「十賭九輸」這句話，如果他們不買彩券，每個月把錢存起來，十個月就有五十萬元，就可以此做本錢經營一些可生利之事了。年輕人不要寄望運氣，要相信只有自己最可靠，成功的人都是下過苦功的。

台灣有個現象令人憂心，就是公家機關喜歡把自己該做的業務「外包」給別人做。外包可能省了麻煩，但結果是自己的員工永遠不會做，別人一拿翹就沒輒了。所以蒙格說：「不管什麼行業，自己一定要懂才可投資。」人不可過於依賴外力，以前沒有電腦時，銀行人員會辦理業務，現在只要電腦一當機，所有業務都停擺，連錢都不會數了。以前人雙手萬能，現在的人只要一停電便餓肚子，因為已經不會升爐火煮飯了。年輕人應該盡量學，有備總是無患。

不兜售自己不會購買的東西就更重要了，**這是誠實，是做人的基本原則**，所謂「騙得了一時，騙不了一世」，只有誠實的生意才會永遠，而且誠實節省很多腦力，如果講真話，就不用去記謊言，生活就會簡單很多，簡單的生活才會快樂。

至於只跟你喜歡的人共事，那是因為人都會彼此影響，普立茲獎得主米契納（James Michener）說得好：「你和五年後的你的差別，在你所看的書和你所交的朋友。」孔子說「友直，友諒，友多聞」，**和志趣相投的益友共事會使自己進步，也會幫自己打開很多扇門**。蒙格因為跟巴菲特理念志趣都相同，共事了五十年，彼此都從對方身上學到很多東西，共同創了一個大事業。

所以在求職困難的今天，蒙格的話可讓年輕人準備好自己，當機會來時，大展鴻圖。

4 低調做人，高調做事

每年看到學生穿著學士袍在校園中照畢業照，心就往下沉，因為我會不由自主地想到孔子說的「不教而殺謂之虐」，覺得這些學生都還沒準備好，就被我們推出校門，心中很是慚愧。

以前看到畢業生會問：工作找好了沒有？畢業後要做什麼？現在已不敢問了，怕加深自己的罪惡感。一般來說，那些找到工作的學生是興奮加恐懼，不知自己能否勝任工作，還沒找到工作的則慶幸自己有報考研究所，但是幾乎所有的同學都說，如果能重來一遍，他們會好好讀大學。

南京信息工程大學有一年的畢業典禮請了一位宿舍管理員上台致詞，這位女士的演講雖然只有八百字卻講哭了畢業生。她說：十年來，我把學生當做自己的孩子一樣，他們經過時會喊我一聲「阿姨，您好」，我就很欣慰。每次看到學生上網夜不歸宿、睡懶覺、蹺課，我都忍不住要嘮叨一下，因為我覺得父母用血汗錢供養你讀大學不容易，大家應該集中精力認真學習，早日成為有用之人。和你們相處，你們的淘氣讓我感到年輕；和你們溝通，我看懂了韓劇，學會了植物大戰殭屍，偶爾也會在半夜「偷菜」。但是無論遊戲多麼有力，神馬都是浮雲，不要忘記讀大學的初衷。

最後她說：「**低調做人，你會一次比一次穩健；高調做事，你會一次比一次優秀。**」她講完，全體畢業生站起來鼓掌。

做個好老師無他，把學生當做自己孩子看待就好，你怎麼教你的孩子，就怎麼教你的學生。老師不該使用勞工法，教育部也不需規定晚上十點鐘以前不得拒接家長電話。老師是志業不是職業，與其規範老師的職責，不如提升老師的熱情。要老師有熱情，社會一定要先尊重老師。

做老師第一要熱情，有熱情才會敬業，若把學生看成猢猻，老師自然是動物園的管理員，每天添水加食物就算盡責。曾有一位老師說「男生不打架、女生不懷孕，我就功德圓滿了」，這種心態會使校園一旦發生事故不往上報，因為他們的心態是不求有功但求無過。

現在的學生很少有「生當做人傑，死亦為鬼雄」的抱負，這種沒有抱負使得我們的學生心靈空虛，容易沮喪憂鬱。年輕人不要一直覺得國家、社會、學校對不起你，因為再怎麼不濟，國家提供了一個讓你安心讀書的環境，沒有讓你像中東或非洲國家的孩子一樣，帶著黑板逃難讀書，但是你是否也該做好學生的本分呢？

哈佛大學圖書館牆上有幅標語：「**你所荒廢的今日是昨日殞身的人所渴望的明日**」，我們該怎麼樣讓學生看到珍貴的青春是一去不復返呢？

5 朋友是人生的最大資產

在捷運站聽到一個媽媽在告誡孩子：「不要跟某某玩，因為他功課不好，會把你帶壞。」孩子沒敢頂嘴，卻把頭轉開，表示不以為然。媽媽察覺到了，便放大聲音說：「你為什麼不聽？孔子不是說『無友不如己者』嗎？幹嘛去跟功課不好的人做朋友？」孩子咕噥了一聲，好像是說「勢利眼」。車來了，大家各自上車。

在車上我就想，**孔子的時代沒有考試，「無友不如己者」應該不是指分數，是指品德**。現在很多父母都以為是分數，振振有詞的不准孩子與功課不好的人來往。其實這裡面有兩層迷思，第一，這不是孔子的原意，第二，功課不好與品性不好是兩回事，不能畫上等號。很多改變歷史的人功課都不好，因為他們不適合學校的教育方式，考試也考不出他們的程度，但是他們都對人類文明做出了貢獻。

美國線上（AOL）的李昂西斯（Ted Leonsis），在一九八三年把他創立的新媒體List以六千萬美元賣掉時才二十七歲，後來他又把線上付款系統金錢革命公司（Revolution Money）以三億多美元賣給美國運通公司（American Express）。但是他在念高中時，老師卻告訴他父母，他不是念大學的料，叫父母不必背債栽培他。事實證明，考一百分與成功沒有關係，反而跟熱情、外向、興趣很廣、朋友很多、腦筋動得很快有關，但這些都不是考試考得出來的。

他人生的轉捩點是在念大學時碰到好老師，建議他去讀海明威（Ernest Miller Hemingway）的《老人與海》（*The Old Man and the Sea*），說這本書像剝洋蔥一樣，可以探索各種深淺不一的人生意義。他在閱讀時，發現海明威一九五二年的《老人與海》文風與一九五〇年的《渡河入林》（*Across the River and into to the Tress*）完全不同，因為一個人的寫作風格不可能在短短兩年之間有這麼大的改變，他懷疑《老人與海》可能是海明威早期的作品，因為缺錢，需出新書來支付開銷，便從抽屜中找出一些早期作品交給出版商。

為了驗證這個想法，他在一九七五年電腦還是 IBM 360 時，以一個大三的學生，進入教務處，用放在註冊組的終端機，打入海明威所有的作品，用電腦比對各期作品的字詞，找出了相關性，證明《老人與海》有一部分是寫於五〇年代之前。

從這件事可以看出成功的人格特質：會動腦筋找關係，人緣好，有信用，可以大膽進入禁區，又不怕吃苦，在電腦只會讀卡時，打幾十萬張卡進去做比對，得到他想要的結果。一個主修文學的人，能在科技業成就一番事業，人生豈可用分數來界定？

在二十一世紀，知識翻新得比翻書還快時，舊知識的一百分可能會阻礙新知識的吸收，因為腦筋背死了。**分數是整個教育中最不重要的一項，不要以為孩子功課不好就一定沒出息**，更不可因分數阻止孩子交朋友，交朋友是看他的人品，做事的態度，分數連邊都沾不上。父母千萬不要因成績而剝奪了孩子交志同道合朋友的機會，朋友才是他人生最大的資產。

6 旅館與學校

經濟不景氣，教育經費大幅縮減，對外募款變成大學校長的任務之一。有位校長私下抱怨說現在募款好難，學生對學校沒有向心力，不要說募款，連校慶邀他們回來都不來。

我想起嚴長壽總裁說過旅館要使客人再來，一定要讓客人覺得這家旅館很特別，既能滿足所需，又能覺得物超所值。因此旅館的定位要清楚，是休閒的，一定要山明水秀，客人一進來就心曠神怡；是商務的，一定要四通八達，房間有網路、傳真機等辦公室設備，早飯要早早開，便利客人一早出去洽公。

其實辦大學何嘗不是如此？定位清楚可使資源直接用在重點系所上，讓對該領域有興趣的學生來考。宗旨定了，老師學生都輕鬆，各自知道朝哪個方向努力，是技職的，老師帶著學生到工廠實習；是理論的，老師帶著學生去做實驗。

嚴總裁說亞都飯店的客人都是常客，他們都認同亞都的經營理念，所以會一直回來。學校要學生有向心力，也必須如此，學生須覺得他在學校有學到知識與技能，校園的風氣幫助了他人格的成長，他在學校有交到好朋友；換句話說，他一定要覺得沒有這所學校就沒有今日的他，才會出錢認捐。

一家旅館要成功，除了經營理念，它的員工是關鍵，一所大學要成功，除了辦學的理念之外，它的師資也是關鍵，老師必須有教學和服務的熱情，才能訓練出有專業的學生。

有位大公司老闆說，他不缺經理人才，缺的是會做事的員工，他自己是高工畢業，以前高工學生每週到工廠實習兩天，現在實習時數縮減一半，學生不要說開模，連螺絲起子都分不清，弄得文不文，武不武，理論不行，技術也不行，竟有科技大學畢業的不會配線，我們缺的其實是有專業的技工。

他說了個小故事：一九二三年，美國福特公司的馬達壞了，所有人都修不好，一籌莫展，最後有人推薦了一個小工廠的馬達工人，這名英語講不好的德國移民來了以後，爬上爬下，在馬達旁邊專注的聽了三天三夜，最後在馬達的一個部位用粉筆畫了一條線說，這邊的線圈多繞了十六圈。

大家半信半疑，照他說的把線圈拆掉後，馬達果然就好了。福特先生大為佩服，要把他挖過來，他不肯，說工廠的老闆在他初到美國最困難時給了他工作，他不能忘恩負義，因優渥的薪水（福特出到年薪一萬美元）就離開原來的老闆。福特先生聽了以後更加佩服，最後把這家工廠買下來，使他能為福特服務。

所以**一個人只要有紮實的技術，不怕沒有工作，但人品是成功的關鍵**，一個今天會因為錢而跳槽的人，明天會因為更多的錢而琵琶別抱。這位德國技工令福特另眼相看，因為他不但有技術，還有人品。能夠訓練出這樣學生的學校，還怕沒有人捐錢嗎？

7 毛豆與虱目魚鬆

日本人喜歡以毛豆下酒，我一直不知道毛豆是尚未成熟的大豆，直到因緣際會參訪了台灣的毛豆工廠，才發現這個不起眼的綠色豆子竟然是農產品外銷第二名（第一名是蝴蝶蘭），年賺十九億元。這個東南亞最大的毛豆王國是兄弟倆胼手胝足建立的，其中辛苦不為外人知，真是應了「兄弟同心，其利斷金」，也深感到台商堅忍不拔的韌力。

屏東的毛豆農場，一望無際，只要眼睛看到的全是毛豆田，場長說，不這麼大，會被鄰田汙染，就拿不到日本的認證，但是一切機械化，從採收到加工完成進冷凍庫只要四小時。時間越短，毛豆越新鮮，甜味越佳，就越有競爭力。本來中國和泰國人工便宜，有一陣子我們很吃虧，後來改用機械耕種（一部採收機相當於五百名勞工），並研發新品種，用技術與智慧與低價勞工競爭，結果大腦贏了。

所以**在二十一世紀，即使做農，也要讀書，才會使用新科技，才能運籌帷幄，決勝千里之外**。

毛豆播種後，大約七十三天可收成，但是為了保證品質，場長說，他們一年只種兩季毛豆，並有一季種玉米不採收，回翻做肥料。在空窗期，工廠做虱目魚加工，製成煙燻虱目魚及虱目魚魚鬆外銷。虱目魚的刺多如牛毛，共有二二三根，我不敢吃虱目魚就是因為牠刺多，但是若能把刺除去，肉質鮮美，許多人又愛又恨就是為此。

相傳虱目魚這個名字是鄭成功初來台灣時，吃到這種魚，覺得異常鮮美，便問旁邊的人：這是什麼魚？因為鄭成功是福建南安人，說的是閩南話，「什麼」聽起來就像「虱目」，就被稱為「虱目魚」了。

一名熟練的工人，除一條魚的刺要一小時，而且要年輕眼力好才看得見細如毛的刺，賺的是辛苦錢。但是原料不加工不值錢，要競爭只有不停開發新產品，因此工廠中，很多是嘉義附近的年輕外配，看她們辛苦的工作，不禁想起台北火車站拉紅線不准外勞進來休息的事，非常感嘆，彼亦人子也，他們的辛勤換來我們很多的外匯，節省我們很多應付出的時間，使我們老有所終，幼有所長，怎麼不能將心比心，給人家一點溫暖呢？我們自己做留學生打工時，老闆的一個微笑、一杯咖啡也使我們感動良久。

我們去到工廠時，正好工人在炒虱目魚鬆，老遠就聞到香味。董事長說他們完全是真材實料，不添加豆粉，因為名譽比金錢重要，摻豆粉省不了幾個錢，但辛苦打拚的商譽就會毀於一旦。看到台灣的第二代有這樣的價值觀，真是非常高興，台灣已走出代工的時代了，現在的台商拚品牌，講求自己產品的驕傲。

回程在高鐵上很高興，台灣還是有希望的，這個希望不在政府，在民間，我為台商的志氣、民間的生命力按個讚！

8 花蓮柚農的品牌堅持

颱風將至，農民都在搶收農作物以減少損失，但是花蓮鶴岡的柚農卻不一樣，他們為了保證柚子的甜度，不願提早搶收，寧可和颱風賭一下。這消息傳出令人震驚，因為那是三．五億的產值，不是小數目，但是他們考慮的是好不容易建立起來的品牌，捨不得毀掉。有人說颱風與預計收成的日子差不到兩個禮拜，不會有太大差別，但是這些柚農仍然堅持等待柚子自然成熟，他們這種愛惜品牌的心令人感動，這也表示**台灣已經走出代工的路，不再躲在幕後為人作嫁，開始自己為自己的品牌負責到底了**。

過去因為窮，所以凡事「將就」：衣服不合身，將就一下，反正一會兒就長大了；飯菜不好吃，將就一下，反正填飽肚子就算了；貨品有瑕疵，將就一下，反正能用就好了。在資源少、謀生不易的當時，這是沒有辦法的事，因為現實使我們無法計較。但是進入工業社會後開始講求精確，失之毫釐會差之千里，過去的「馮京作馬涼」心態已不再被接受。等到了科技社會，一切電腦化，錯一點，東西就報廢，過去電視機不會動踢它一腳就動的景象，已經一去不復返，柚農對甜度的堅持是社會品質提升的表現，令人高興。

記得好幾年以前，一名山地孩子打赤腳在山裡跑時，被龜殼花咬到，我知道後開始為他們募鞋子，我去中部一家愛迪達代工廠向他們募瑕疵品，經理很嚴肅的出來告訴我，他們沒有瑕疵品，所有不合格的鞋子都銷毀，絕不外流，我這才知道為什麼愛迪達的鞋要賣這麼貴，因為他們保證了品質。

我的朋友告訴我名牌很貴是因為全世界都認帳，他在米蘭買的包包，可以在台北的分店換，店員不敢擺臉色，因為賣價中已包括全球性服務的成本。他說名牌貴，但是品質有保障，售後服務好，他還是會去買名牌。我這才知道名牌可以生存的原因，除了虛榮心，還有更實在的東西在裡面，對很多人來說，**品質的保證比價錢重要**。

我也有位外國工廠老闆的朋友，他的產品保固終身，別人都勸他說產品只要能賣就好，不可做得太好，會壞，才持續有顧客，如果產品不壞，一輩子就只能做一次生意。他不為所動，他說要做就做最好的，他的東西是用不壞的，雖貴，賣得卻比別人好。

其實我們台灣的大同電鍋是更好的例子，一九六九年我出國留學時，媽媽給了我一個大同電鍋，告訴我它可以蒸、煮、煎，我牢記在心。七〇年代，日本貨充斥市場，很多人迷信日本產品，把自己好好的大同電鍋丟掉，去換外形亮麗的日本電鍋，結果他們的日本鍋早不知蹤影，而我的大同電鍋現在還在用，這就是品牌。大同電鍋建立了我對台灣產品的信心，每當別人在推銷日貨時，我就把大同產品推出來擋，告訴他，我家有部老電扇，一九五六年我爸用到現在還會轉。大同公司並未因為他的電鍋、電扇耐用而使顧客不上門；相反的，因為它做得好，每名留學生出國都是人手一個大同電鍋。

有品牌、有口碑，不必擔心沒有生意，花蓮柚農的堅持是對的，他們對品牌的珍惜，替創業的年輕人立下個好榜樣，值得我們豎起大拇指說：讚！

9 法國科學院院士的豁達

幾年前朋友的女兒升上國一，正趕上十二年國教，她擔心女兒不知變成什麼樣的白老鼠；她先生最近生意不好，拿回家的家用錢越來越少，她不知道是真的生意不好，還是外面有了小三，所以拿回家的錢變少了；加上油電雙漲，家用開銷增加，她擔心長此以往，以後沒有錢供女兒念大學。她整天想東想西，疑神疑鬼，把自己搞得晚上睡不著覺，變得神經質。我們勸她把心放下，那些擔憂都是不必要的。她說她也知道，但就是放不下來。

心要怎麼樣才放得下呢？其實只要念頭一轉就可以了。

有個人晚上很累想睡覺時，蚊子卻在他耳邊嗡嗡嗡，開燈時蚊子就不見，燈一關黑蚊子就來。他太累了，就把棉被蒙住頭想繼續睡，想不到，蚊子還是在他耳邊叫，他火大了，跳下床，打開燈，拿著電蚊拍，人蚊大戰。打到最後，氣喘如牛。他突然想到自己這麼生氣是為什麼？值得為一隻蚊子飛上飛下，弄到自己一身臭汗嗎？念頭一轉，心態就不一樣了，就決定不理牠去睡，結果一覺到天亮，也沒發現什麼被蚊子咬的地方。

很多人都說他放不下來，其實是不肯放而已，**只要心念一轉，就可以放下，因為「心」決定「身」的動作。**

這個豁達的胸襟是可以訓練的，當人書看得越多，見識越廣，他的心胸會越開闊，一些不相干的俗事就不會盤據心頭。我曾經從我同事身上學到這個教訓。

這位同事是法國人，後來選上法國國家科學院的院士。他父親過世後，留給他一批非常珍貴的紅酒，我們去法國開會時，他邀請我們去他家吃晚飯，說要親自下廚並開好酒請我們喝。當我們到達他家時，發現警車停在門口，四周拉起黃色警戒線，原來，小偷趁他去買剛進港的新鮮魚時，潛入他家，什麼都沒偷，只把爸爸留給他的好酒偷光了。

我們非常不好意思，如果我們不來吃飯，也就沒這事了。我們跟他說今晚到外面隨便吃吃吧。他說沒關係，這麼貴的酒，小偷一定也捨不得喝，只要有錢，一定買得回來。他堅持燒飯給我們吃，整個晚上神色自若的陪我們吃飯聊天，一點都看不出才剛遭小偷洗劫酒窖的樣子，令我大為佩服他的豁達與智慧。後來他果然把酒又一一買回來了。

那天晚上的經驗讓我看到事情已經發生了，懊不懊惱都於事無補，有朋自遠方來是難得的事，他好好的招待我們，讓我們法國之行留下深刻好印象。這位教授做到了「不以物喜，不以己悲」的地步，而且形不為物役，令我敬佩。

美國哲學家詹姆斯（William James）說：「人類可以因為心態的轉變而使人生轉變，只要改變心態就能改變生命。」這句話很好，不過，中國有首詩更好：「廬山煙雨浙江潮，未到千般恨不消，及至歸來無一事，廬山煙雨浙江潮。」**人生其實沒什麼大不了的事，心放下，就活得快樂了！**

10 年輕人需要歷史典範

曾有學生穿著納粹「蓋世太保」的軍服去國防部辦的暑期戰鬥營報到，國防部不但沒有發現不妥，還覺得很有創意，讓軍方記者拍照，放上官網，引起以色列的不快，使得國防部副部長親自登門道歉。

這消息令人震驚，二次世界大戰結束不過數十年，我們就已經忘記了納粹屠殺六百萬猶太人的暴行。從這件事也讓我們看到目前教育的偏差，竟有學生崇拜滿手鮮血屠殺無辜的納粹軍人，以穿他們的軍服為榮。

更令人震驚的是，國防部本身的參謀竟也不認得納粹的軍服（或是不知道這身軍服背後的意義），居然要求國軍軍官與穿著納粹軍服的學生合影，還比 ya 的手勢。我們要問，學校的歷史在教什麼？它應該像南京大屠殺一樣，納入所有中學的課程中，使人民永遠記得這個歷史教訓。

有關二次世界大戰的電影非常多，例如好萊塢有部救助猶太人的電影《辛德勒的名單》（*Schindler's List*），拿到奧斯卡最佳影片獎；連《真善美》（*Sound of Music*）中都有納粹進城的鏡頭，我們的軍官怎麼可能不認得蓋世太保的軍服？沒有吃過豬肉也見過豬走路，戰爭史是軍人必讀的，武器的種類與軍服也是軍人必知的，軍人不認得軍服，那真是太離譜了。

歷史的重要性在於太陽底下沒有新鮮事，今天發生的事，以前一定發生過，只不過是不同的時代、不同的地點、不同的人名而已。愛滋病剛流行時，全世界都把箭頭指向美國，認為美國的同性戀者是傳播這個二十世紀瘟疫的罪魁禍首。當時荷蘭有位醫師古德斯密特（Jaap Goudsmit），覺得愛滋病不可能就這樣突然從地底下冒出來，肆虐全球，它以前一定以某個名字存在於地球上。他就去文獻中尋找，看以前有沒有人死於不該死的病，果然發現一九六六年，挪威有名水手因淋巴腺腫大去看過醫生，醫生找不到病因，便取了切片，冰凍起來。這位水手於一九七六年死於肺炎，他的太太也在八個月後同病死亡，他的孩子則死於水痘。肺炎和水痘本來不應致命，所以他向挪威的醫生要了切片，一看果然有 HIV 病毒，表示一九六六年時愛滋病已經存在了。因為這名水手從來沒有去過美國，所以愛滋病不是從美國傳到歐洲的。

不知史，絕其智；不讀史，無以言。美國總統杜魯門（Harry Truman）說：**讀史不只是一種浪漫冒險之旅，它更是處處珠璣、擲地有聲的教訓**。不是所有愛讀史者都可以成為領導者，但是領導者一定都愛讀史。

讀史還可以改變一個人的個性，巴頓將軍（George Smith Patton）年幼時非常害羞，身體羸弱，他的父親為他講《聖經》中的重要戰役，更以族人參與南北戰爭的英雄事蹟勉勵他，終於成就了這位二次大戰的英雄。

歷史的重要性自不待言，年輕人更需要歷史典範的指引，在全國上下不知史時，趕快亡羊補牢吧，來者猶可追！

第二篇

啟發思辨

【Explanation】

1 鍛鍊反思的重要性

我本來一直想不通，新冠病毒致死率這麼高，殯儀館屍堆如山，紐約市長得徵召冷凍貨櫃來幫忙存放屍體，為什麼歐美人士不但不肯戴口罩來保護自己，還硬往人多的地方去擠？看了《反智》（*The Irrational Ape*）這本書後，才恍然大悟，原來人真的如本書的英文名，是個不理智的裸猿。

該書作者說**理性並非本能，它需要鍛鍊**，非常正確。書中提到二〇〇二年諾貝爾經濟獎得主康納曼（Daniel Kahnman）在《快思慢想》（*Thinking Fast and Slow*）中許多不理性行為的例子。這是因為我們掌管理智的前額葉皮質要到二十歲以後才成熟（其實較新的實驗發現男生二十五歲，女生二十二歲才成熟，比以前認定的晚了許多），但是掌管情緒的邊緣系統卻是在青春期時就成熟了（現在孩子的青春期來得比以前早，有的孩子小學五、六年級就來初經，男生雖然晚一點，到國一、二也都變聲），因此「感情先行，然後再抓住某些理論依據來替感情自圓其說」是有大腦的原因，人也因此有很多不理性的行為。我一邊看，一邊想「人怎麼可能這麼愚蠢？」但是事實卻是如此。

例如一般人相信廣告。但是**廣告 by definition，就是不真實的誇大**。書中賈維克賣降膽固醇藥的例子，台灣不但有，還隨處可見。電視上很多「代言人」都不是該領域的專家，只要掛上眼鏡，穿上白袍，觀眾就馬上認定他是醫生，就相信他的話。

台灣除了地下電台賣假藥（試想，怎麼可能有一種藥物這麼神奇，有病治病，無病強身？），醫藥騙子最多的地方在醫院腫瘤科的候診室。那些被宣告得了癌症的人聽到有獨家祕方可以治療絕症，就像溺水的人抓住浮木一樣，更何況賣的人都說「我就是得了跟你一模一樣的病，吃了這個藥後，腫瘤就消失了」。這就是此書說的「口碑轉信任」——他是人，他得了這個癌症，他吃了這個藥好了；我是人，我也得這個病，我吃這個藥應該也會好——因為這個錯誤的推論就上當了。

這種口碑的說服力非常強，哪怕是高級知識分子也會被騙。我有一個朋友，夫妻倆都是博士，先生得了大腸癌，他們相信一帖一萬元的昂貴祕方，沒有去開刀，結果錢被騙光後，先生過世。

另外「**倖存者的偏差**」也是我們常常看到的，如書中分析戰鬥機彈孔的例子，工程師發現引擎和駕駛艙的彈孔很少，因此下結論這兩處不易中彈，只要加強其他部位就好，忽略到引擎和駕駛艙中彈的飛機根本飛不回來，它直接墜海了。人們一般只看到成功者的身影，忘記倒在半路上的犧牲者，這一點在藥物的實驗中最常見，要小心。

書中有很多例子都跟我們日常生活息息相關，最有關係的應該是疫苗會引起自閉症。我孩子小時候鄰居就一直勸我不要帶他去打三合一疫苗，因為她朋友的朋友就是去打了疫苗，一個活潑可愛的男孩變成不跟人說話的自閉症孩子了。我當初一聽也很害怕，那時還沒有網際網路，不像現在查資料這麼方便，我去加州大學醫學院圖書館查了一個下午也沒查到任何論文證據，就帶孩子去注射疫苗了。現在再上網去查，發現仍然有這種傳言，但反駁的聲音多了很多，父母應該不會再上當了。

人不是理性的動物，但是人有理性，也有學習的能力。只要提醒自己，先反思，再反應，就不會被騙了。知識就是力量，閱讀是保護自己不上當的唯一方式。

2 決定勝敗的是人品與能力

法蘭瓷的陳立恆總裁曾在《聯合報》上寫了一篇文章〈誤人的不是制度，而是價值觀〉，他說台灣二十年來的教改是失敗的，因為我們革掉了聯考制度，卻沒有革掉聯考背後那個升學壓力，我們錯怪了這個相對而言公平公開、符合國情的聯考制度。

我頗有同感，制度是死的，人的觀念不改，光改制度，以台灣人的聰明才智，哪有不鑽漏洞的？為了推甄，各種「長」、各種「服務」都出來了：有發作業簿「長」，有檢查營養午餐有沒有剩飯「長」；至於服務更是五花八門，有巡視路燈亮不亮的「社區服務獎」，因為他父親是里長。

但是若是改了人的觀念，制度自然就改了，因為人是活的，制度是人在操作，當他觀念改變時，在操作上就會有所不同，等成慣例後，這制度就改了。所以**改革最重要是觀念的改變**。

觀念的改變很難，金文中的「世」是三個「十」疊在一起，一個世代三十年，要改變一個觀念至少一個世代。陳總裁說他不是教育工作者，他是人才使用者，因為如此，他的觀點就更重要了。教育是為學生出社會做準備，使用者的需求就是教育者的考量。過去工專訓練出來的人才造就了十大建設，他們會蓋橋梁、建工廠；現在不是了，如今很多工科學生不會用扳手。一位航太相關系所的朋友告訴我，有碩士班學生在口試時，強調他對飛機很有興趣，朋友高興的問他：是哪一種飛機？學生回答：「全日空」，令他當場傻眼。

陳總裁說我們社會對成功的定義太功利，每個學生都得去擠明星學校的窄門，其實，窄門並不一定保證成功，父母面子問題的成分恐怕還多些。我們常聽到父母說「不要浪費時間在那個沒有用的東西上」，不了解只要有學到的都會有用，只是用的早晚不同而已。

蘋果電腦的創辦人賈伯斯（Steve Jobs）如果當年沒有去上書法字體的課，蘋果的字體就不會這麼好看；王陽明如果年輕時沒有五溺：「初溺於任俠之習，再溺於騎射之習」，寧王宸濠之變時，他就不可能在四十天之內平亂並且生擒宸濠，尤其寧王是有備而來，而他是倉促之間靖亂，寧王有四十萬大軍，他只有十六萬人。若不是他幼時所溺之兵法和騎射，一個進士巡撫有本事翻身上馬，連射三箭都中紅心，使底下的武將服他嗎？如果他不懂兵法，他會用反間計使寧王不直搗京師，而先打安慶嗎？假如王陽明沒有兩把刷子，以明武宗的昏庸，會有大將伍文定「立於叛軍炮火間，火燎其鬚，仍做殊死戰」，使軍心大振，最後成功嗎？

大家只要想一想就能了解，**出社會後學校的分數一點也不重要，最後決定勝敗的是人品與能力**。家長不需要為十二年國教擔憂，因為孩子現在學的不過是基本功，他將來要用到的知識還未發明呢！只要有學習的能力，如陳總裁說的，找到自己的路，透過實作與創意，他會成就非凡。

3 改革要追究源頭

有位在職進修班學生跟我說他想休學，因為那時定存拆單潮非常洶湧，他在銀行每天得加班到九點以後，無法兼顧學業，加上不景氣，多念個碩士也沒什麼用，就想放棄了。台灣窮了，窮到要跟老百姓搶定存的一點利息了。過去錢淹腳目，現在變成往事只堪回味，加上閣員動不動就放話：「台灣會死得很慘、經濟二十年起不來」，大家對明天沒有信心，家長又開始把孩子往海外送，「人挪活，樹挪死」，他想出國到他鄉看看有沒有發展的機會吧！

但是台灣真的窮了嗎？台灣為何能在全世界富豪排名名列前茅？為什麼百貨公司週年慶第一天可以刷出十三億元的業績？這使我立刻想起妹尾河童的那句名言「印度不窮，印度窮人很多」。**政府的問題出在不敢追究源頭**，就像漏水，源頭的水龍頭不關，底下的漏水怎麼接得完？

勞保幾年後可能就撐不下去了，健保也是一樣，那麼健保漏水的源頭在哪裡呢？第一，我們沒有從小做好健康教育，台灣地下電台猖獗，二十四小時賣偽藥，讓老百姓吃到台灣洗腎全世界第一，騙子是「野火燒不盡，春風吹又生」，若能把正確的保健知識教進國民心中，沒有了顧客，騙子自然消失。

第二，我們沒有從小養成運動的習慣。運動會使大腦年輕，一隻兩歲有運動的老鼠，大腦與六個月大的老鼠一樣年輕；運動幫助大腦分泌多巴胺（dopamine）和血清素（serotonin），這兩種神經傳導物質都會使人的心情好，遠離憂鬱症的威脅，抗憂鬱症的百憂解（Prozac）就是阻擋大腦中血清素的回收；運動時，會釋放出腦源性神經營養因子（brain-derived neurotrophic factor，BDNF），增加大腦對第一類型胰島素生長因子（IGF-1）的攝取量，製造與長期記憶有關的麩胺酸（glutamic acid），運動時血管內皮生長因子（VEGF）會建造新的微血管，它和纖維母細胞生長因子（hFGF-1）會促進組織生長；運動甚至可以幫助過動兒和注意力缺失的學童學習進步，因為運動時大腦自己所產生的多巴胺正是醫生開給過動兒的藥利他能（Ritalin）的成分。

運動的好處多多，我們只是不知去利用它。最花社會成本的老人慢性病，如憂鬱症、阿茲海默症，很容易用運動防止，若是把看病吃藥的成本花在源頭去防止老化，建立老人運動中心，促進國人健康，說不定大家就不必上銀行拆單了。

運動的功效不能立竿見影、無法立刻拿到立法院去當政績，卻是今天不做明天一定會後悔之事。大家只要到偏鄉小學去看一下學校的運動場，就知道我們對運動忽略到什麼程度，屏東有所落山風很強的學校，連窗戶都要釘木板保護，卻沒有風雨操場，請問在那種天氣能上什麼樣的體育課？很多小學連最基本的操場都沒有。從小沒有養成運動的習慣，長大了身體不會催你去動。

改革需要勇氣，請執政者拿出魄力從源頭去止漏，南海的和尚故事告訴我們，只要持續做，總有一天到達目的地。

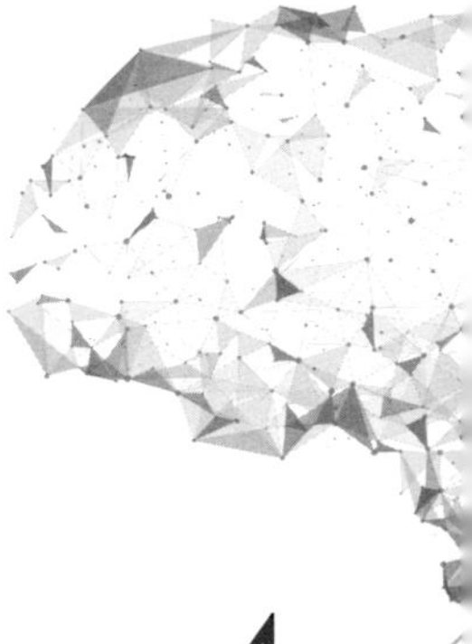

4 大腦類化的「畫地為牢」

盧梭（Jean-Jacques Rousseau）在《民約論》（*Du Contract Social*）中說「人生而自由，卻無處不在枷鎖中」，我知道枷鎖是框架，卻沒想到它竟然深入我們的大腦，影響我們的記憶和注意力。

在捷運上，有位男士跟我打招呼，我看他很面熟，卻怎麼也想不起他是誰，幸好車廂人多，無法交談。我一直到他在「X醫院站」下車，才突然想起他是我母親的主治醫師。想不到每天見面快兩年，竟然會想不起他的名字。這原因在於過去我看見他的地方都是醫院，因此當他沒有穿白袍，出現的地方又不是醫院，情境線索不一樣時，我便想不起他來了。情境（context）像框架，思想意念一被框住，就很難跳脫。

史丹佛大學商學院有位教授，在課堂上要求學生不准說話，在五分鐘內按生日排成一排。一開始時，學生都露出「不可能」的驚訝表情，但是時間有限，不容蹉跎，就有人伸出手指表示他是幾月生的，眾人於是紛紛跟進，很快任務就達成了。

教授向學生們分析：「手勢只是一種方法，並不是最快的方法，因為有人率先比了手勢，你們便跟著做了，沒有想到可用駕駛執照，因為上面有生日；也可寫便利貼，貼在胸前；更可以用嘴唱，因為我只有說不准說話，並沒有講不許唱歌。但是一旦有人起了頭，大家就跟著做，一跟著做，大腦便不再思考其他的可能性，你們就跳不出他畫的框框了。這世界的框框很多，有些是自己訂的，有些是約定俗成的，當一個人習慣跟著別人走，久一點，習慣成自然，他就連框框也看不見了。一個落在框框裡的人是不會有創意的，因為他看不見其他的可能性。」

這些話使我想起成語「畫地為牢」，是什麼樣的教育使我們的學生不敢踏出地上的圈圈？主動守規矩和被動服從有很大差別。品德教育應該是自主性的內化行為，不是被動的不敢做。當父母禁止孩子做某些行為時，必須對他說明理由，讓孩子從理由中內化出他行為的準則，最後變成自主的行為。

人的大腦有類化的本能，它是學習的機制之一。美國孩子三歲左右已經學會了不規則動詞 go、went、gone 的動詞三態，但是在五歲時，卻會突然把原來對的 went 改成錯的 goed，因為他從規則動詞的學習中，發現絕大部分的過去式是加 ed 的，所以他就把 went 改為 goed 了。這個類化作用是我們不必每樣都學而能學會很多新東西的原因。所以父母一定要花時間對孩子說道理，因為**不知原因的不准，會變成對其他類似行為的不敢，**

孩子不問理由的服從，就出現「畫地為牢」的現象了。

其實**跳脫框架不難，只要常提醒孩子有沒有別的可能性，訓練他換個角度看事情就好了。**跟著別人走，很簡單，很省事，但是它扼殺了生命中應有的挑戰和尋找自己潛能的機會。

人生活在這個世界上，應該有他的使命，若不能充分發揮天賦的能力，人云亦云，就失去人生的意義了。

5 教孩子生死的智慧

有位讀者來信說，他家有一隻養了十幾年的看門狗，有一天這隻狗老死了，他覺得老死是很正常的事，便跟兒子說，用垃圾袋把牠裝起來，拿到後院埋。沒想到兒子大哭說「下次你死了，我也用垃圾袋把你裝起來，拿到後院埋」，他聽了很生氣，便打了兒子一巴掌。兩年過去了，兒子已上了國中，還是不跟他說話。他問：我錯了嗎？小孩子懂得生死嗎？有什麼方法可以補救嗎？

我們很忌諱對孩子說生死，雖然父母會鼓勵孩子追求他想要的東西，卻不知如何安慰他的失敗或挫折。當孩子放學回家哭泣說班上有人欺負他時，我們通常是給他糖吃，安慰他說不要哭，不要理壞人。我們忽略了這不是解決問題的方式，因為孩子明天上學又要面對同樣的情境，這個安慰是暫時的麻藥，問題並沒有消失。

最好的方法是教他應對的策略，把這威脅化解掉。父母可以在家中沙盤演練一番，做給孩子看，甚至接送他上學幾天，讓他知道有爸媽做後盾不要怕，但是無論如何，不能站在別人那邊，罵自己小孩沒有用：為什麼他不去欺負別人，專來欺負你？最不能做的就是像這名父親一樣，在孩子最需要他支持的時候賞他一巴掌，這一掌把孩子的心扉關起來了。

生與死是人生的兩個端點，我們對生充滿喜悅，對死亡卻無限恐懼，葬禮的莊嚴其實是為了生者，因為死者已矣，他已經沒有感覺了，但是生者長戚戚，葬禮是個安慰生者的儀式：他走得很有尊嚴，他這一生沒有白過。每個民族都有它自己生命終點的儀式，宣告哀傷到此結束，各人回家去繼續過日子。不過死亡所留在心中的洞，其實不會因此而復原，**人必須靠智慧走出悲傷，而這個智慧是可以教的**。

父母不要擔心孩子太小聽不懂，只要是真話，孩子以後慢慢會懂，但是騙了孩子，他以後不再相信你。

我們可以告訴孩子生老病死是大自然的規則，是人力不能挽回的，對不能操之在己的事不要強求。**人生本來就沒有十全十美，人會老，花會落，月會缺，但是要不要受苦則是自己可以選擇的。任何事取決於心態**，我們的情緒來自我們對這個事件的看法，美國前第一夫人伊蓮娜．羅斯福（Eleanor Roosevelt）說：「未經你同意，別人不能看輕你。」沒有人可以使你不快樂，只有你能使你自己不快樂。

既然生老病死是不可避免的，我們應該盡量在活著的時候孝敬父母、友愛兄弟、善待朋友、愛護動物，做到無憾。如果大限已到，接受它，因為選擇權已不在我們的手上。

如果那時父親抱著孩子說：「狗老了會死，但是牠在我們家有很好的生活，我們都很愛牠，現在你去找些材料，我們來替牠做副棺材，就把牠埋在後院，讓牠還是像以前一樣的陪伴你。」前面的遺憾可能就不會發生了。孩子要的不多，適時的關心而已。

6 墳場旁的學校

我曾去嘉義一所國中演講，該校校長非常用心的經營學校，主任和老師也非常好，師生相處和樂，校園寬廣，綠木成蔭，是個理想的讀書環境。但是努力歸努力，學生人數卻一直減少，原來學校後面是納骨塔和墳場，許多家長不願孩子來讀這所學校，怕沾到鬼氣或碰到不潔的東西，對前途不利。

我聽了愕然，古代不是有「廬墓三年」的禮制嗎？如果墳地有鬼，怎麼會要孝子去住呢？

做人只要心正就好了，心正則氣盛，氣盛則邪不侵，所謂「不做虧心事，半夜敲門心不驚」，一個人仰不愧於天，俯不怍於地，正正當當的做人，鬼也怕你的。晚清名臣林則徐說得好：「心術不正，風水無益；行止不端，讀書無益；做事乖張，聰明無益；妄取人財，布施無益；心高氣傲，博學無益。」許多城隍廟都有這樣的對聯：「做事奸邪，盡汝燒香無益。居心正直，見我不拜何妨。」沒做壞事，可以不拜鬼神；做了壞事，再拜也無用。**人不必迷信，禍福都是自找的**。

孫叔敖和兩頭蛇的故事就是個很好的例子。孫叔敖是春秋時代楚國人，出外遊玩時，見到了一條兩頭蛇。古人迷信兩頭蛇不祥，見了必死，孫叔敖雖然知道自己要死了，但是仍然把蛇打死，將牠埋掉，使別人不會看見。他回家後向母親哭訴，母親安慰他說：「做好事的人，上天不會虧待的，你不但把蛇打死，還把牠埋了，這麼好心的人一定會長壽。」孫叔敖果然沒死，後來做到楚莊王的令尹，是歷史上的名相。

所以老師可以告訴學生不必相信沒有科學證據的傳言，歷史上，很多名臣賢相都曾在廟中讀過書，而廟中常有人寄放棺木。宋朝歐陽修、范仲淹，清朝李紱、田文鏡都曾在廟中讀書，也都中了進士，可見沒有「不利」之說。

古人喜歡用人力不可及的神道來教化老百姓，因為世界上，上智者少，凡人多，所以刑賞是為中人以下設教，佛家所說的因果也是為中人以下說法。當老百姓不知道為什麼天上會打雷時，「天打雷劈」的成語就告誡老百姓不孝順父母的人會被雷打死，使老百姓因恐懼刑罰而盡孝道；「舉頭三尺有神明」也使一般老百姓不敢暗室欺心。孔子說「民可使由之，不可使知之」，民智未開時，古人用這種方法來教化老百姓；但是現在不同了，我們知道很多事的前因後果，就不該再迷信了。

人是有生必有死，就像花開花謝一樣，是大自然周而復始的現象。**只要懂得把握時**

間，把自己想要做的事做完，就不必懼怕死亡。哈佛大學圖書館的牆上有一句話：「你所荒廢的今日是昨日殞身的人所渴望的明日」，孩子若能從墳場旁邊的學校中，學會「生有涯而學無涯，人生要把握當下，有意義的過一生」這個教訓，那麼這所學校不但沒有給孩子帶來不利，反而使他比別人更有福，更早領悟到人生的真諦。

7 真知、善意、美情

有年中秋節，藉送月餅之便，我走訪了幾所偏鄉學校，看到學校裡有《人間福報》，原來是家長訂送的，家長認為這份報紙乾淨，報導的都是淨化人心的好事，對孩子的品德有正向鼓舞的作用。我聽了很感慨，前衛生署長楊志良曾公開說媒體是台灣的亂源之一，競相報導那些鹹濕的「新聞」，不但開卷無益，還浪費紙張。媒體負有教化社會的責任，為什麼其他媒體不能同等為之呢？

朱光潛先生在民國三十年左右寫了一篇〈談美感教育〉，他說世間事物有「真善美」三種不同的價值，人的心也有「知情意」三種不同的活動，這兩者是相配的：真知、善意、美情。真知就是追求真理，辨真偽；善意就是做好事，自己享福別忘了造福別人；美情就是生活的美感。最簡單的美就是乾淨，我母親常說衣服破沒有關係，乾淨就好，補丁不損你的人格。星雲大師初來台灣時，一件新做的長衫給了別人，他穿的是打補丁的短衫，並無損大師的人格。

我一直覺得台灣的教育走偏了，太偏重智育，甚至可以說，到了販賣知識的地步，因為只要學生功課好，其他的德體群美都不在乎，不但老師只看重功課好的學生，連家長對自己親生的孩子也大小眼，只稱讚功課好的，功課若不好就好像一無是處，常常責罵。

有個媽媽告訴我她用褒獎老二、貶損老大的「激將法」去「激勵」老大上進，這是完全錯了，因為孩子小，不知道自己是誰，他是從父母的眼睛、老師的眼睛、同學的眼睛來看自己是誰，**對心智未成熟的孩子，激將法只會使孩子偏激、叛逆，跟父母疏離，甚至自暴自棄**。曾經有個媽媽寫信給我，說她很後悔在孩子小時常常將老大和老二比，造成兄弟不和，水火不容。到現在老大三十歲了，在外結婚生子，不跟她來往，她連孫子長什麼樣都沒見過，看了令人傷感。

說實話，智育是讓孩子有謀生的技能，美育卻是天天過生活的方式，它比智育更重要。其實只要觀念正確，不論學業成績如何，每個人都可以有快樂的人生，別人賓士代步，我們公車也可到達，我們小時候還流行搭十一路車上學，所謂十一路就是自己的兩條腿，要去哪裡，肯走就會到，如我父親說的：「早一點出門就好了。」別人穿名牌，我們穿二手牌也一樣保暖，還不必擔心弄髒要乾洗。即使是餐餐山珍海味，也只是穿腸過，吃得簡單反而不易得癌症。所以柏拉圖在他的《理想國》中說：「希臘的公民在二十歲以前，只要體育和音樂就夠了。」先確定身體強健，品性優良，再來學國英數不為晚。

我們現在一邊說遵孔，卻一邊不把儒家之道放在眼裡，孔子說的六藝，禮樂射御書數，禮樂在前面，書數在最後，但是我們的音樂課卻常被借來上數學課或英文課，忘記了「禮以制其宜，樂以導其和」，先要舉止恰當、品性溫和，再談物理化學才有用。講起來，古人比我們更懂得教育的真諦，孔子說「興於詩，立於禮，成於樂」，**內心和諧，行為有規範，才能達到真善美的境界**。走筆至此，突然領悟到佛光山主辦的新聞獎為什麼叫真善美新聞獎了。

真善美原是不可分的生活基本道理，不真就不可能善，不善怎麼可能美？

8 父母莫須有的罪惡感

我有位同事個性開朗，笑口常開，有一天突然面色凝重的來上班，原來她女兒功課不好，她說了女兒幾句，女兒反唇相譏說：「都是你以前不給我吃母奶，害我現在這麼笨。」她大吃一驚，才知道女兒有這個心結，但是孩子已長大，來不及補救了，所以她非常自責。話匣子一打開，許多人都加入，我才知道原來有這麼多父母覺得自己虧欠了孩子，心不安。

其實這種內疚是完全不需要的，我們的祖先照顧孩子絕對不可能比我們更周到，而我們的大腦正是那個情境演化出來的。**孩子要的是愛和安全感，就算環境不理想，也可以長得很好**，我們都是這樣長大的，不是嗎？所以父母不必背負這莫須有的罪惡感。

其實「吃母乳會聰明」這句話已經被推翻了，因為這個實驗並沒有被複製成功。也就是說，別的實驗室用同樣的方法並沒有得到相同的結果。有研究發現母乳對嬰兒智商只有少量效益，有些則完全沒有發現效益。用統計上後設分析（meta-analysis）的方法，將相關的研究綜合起來看時，也沒有看到這個效果。反倒是有一個實驗從三三二個家庭中，選取同胞手足，一個給他喝牛奶，另一個喝母奶，然後看他們智慧的發展，結果發現喝母乳的並沒有比較聰明。這個實驗選的是同胞手足，有相同的父母，相同的社經地位，而這兩者都會影響孩子的智商。這個實驗做得很嚴謹，控制了可能的混淆變項，所以結果比較可信。孩子功課不好大部分是因為學習不得法，加上沒有紀律，與是否喝母乳沒有關係。

不過餵母乳還是值得鼓勵，因為餵母乳有很多其他的好處，除了免疫力比較長，有六個月之外，吸奶會增加母子大腦中催產素（oxytocin）的分泌，增強孩子的社會化行為，對他以後的人際關係有幫助。

另一個沒有科學證據的迷思是出生別和人格的關係，著名的心理學家哈里斯（Judith Harris）寫了一本書叫《教養的迷思》（*The Nurture Assumption*），舉了非常多實驗的例子說明沒有這回事。以前的實驗做得不夠精密，有太多混淆變項沒有排除，例如實驗者要求父母填問卷來評估孩子的個性，父母很自然的拿老大和老二做比較，忘記了老大年紀比較大，比較成熟，所以就得出「排行老大的個性比較成熟」的說法，而且孩子在家中的行為常與在外面的不同，這正是為什麼這份問卷如果由外人來評估，結果就會不一樣。

所以孩子的個性與他的基因有關係，跟排行沒有關係。科學家現在找到了三個基因在逆境回彈上扮演重要角色，親手足會因有沒有這些基因而使最後人生的結局不一樣。曾經有兩名姊妹都被父親亂倫，姊姊後來吸毒、酗酒，多次進出毒品戒護所，最後跳樓自殺；妹妹卻能把過去拋在腦後，成為保險經紀人，創出一番事業。

孩子的人格是基因和環境互動的產物，美國有一對體操的姊妹花，在離散了三十年後重聚。姊姊是一九九六年奧運體操金牌的得主，妹妹一出生就被父母遺棄，因為她自臀部以下無腿。想不到她長大後也是運動全才，排球、籃球、壘球、體操，無所不行，還曾拿過伊利諾州冠軍。這對姊妹顯然有運動的天賦，所以妹妹雖然身體有殘缺，學運動還是比別人容易。但是妹妹的成功主要是養父母很好，從不讓身體的障礙影響她做任何自己想要做的事，妹妹的成就完全是先天和後天交互作用的結果。所以父母可以放心，孩子有天賦，它一定會自己發展出來，就像寫《侏羅紀公園》（*Jurassic Park*）的克萊頓（Michael Crichton）說的，生命自己會找出路，大人不必太操心。

也有許多父母說他們不知道孩子的天賦在哪裡，這其實非常簡單，只要看孩子遊戲時玩些什麼就知道了。因為沒有人喜歡挫折，人在遊戲時一定玩他的強項，只要順著強項發展就行了。

瑞典第一位世界女子撞球冠軍勞倫斯（Ewa Laurance）就說，她在十四歲以前沒有接觸過撞球，一接觸到就非常喜歡，她過去數學不好，但是打撞球時她完全不必算角度，她要球進入哪個袋便進那個袋。她說她在練球時，自己覺得才打二十分鐘，老闆就要趕她走，她問老闆為什麼這麼早關門，老闆告訴她，她已打了九個小時了。當一個人可以如此全神貫注做一件事時，她一定會成功。

所以沒有什麼叫天才，**只要放對了 niche（地方），讓孩子的天賦發展出來就是天才了**。反而是父母太操心，揠苗助長，對孩子有害。父母的罪惡感尤其對孩子不好，因為罪惡感帶來的是補償作用，補償作用會阻撓紀律的形成，而沒有紀律的孩子是無法學習的。

父母不必太擔心自己不夠好的另一個原因是，孩子的社會化是與他的同儕在遊戲時完成的。在演化的過程中，人類必須靠群體的力量來對抗猛獸，所以人是群居的動物。模仿的基因是登錄在我們的大腦中，一九九二年科學家在大腦中找到了鏡像神經元（mirror neuron），這是最基本的學習機制。一直到上個世紀，孩子都是由整個村莊的人一起帶大的，這是為什麼當時的美國第一夫人希拉蕊（Hillary Clinton）會寫《同村協力》（*It Takes A Village*）那本書。

不要被「輸在起跑點上」這個廣告詞所騙，父母少做一點並沒有什麼問題，不是每個孩子都要上才藝班、補習班。每個孩子開竅的早晚不同，歷史上很多偉人如愛迪生、愛因斯坦、王陽明都是大器晚成的人。王陽明到五歲才說話，但是他一點都沒有輸給別人。

教育孩子的重點不在成績，而在正確的人生觀。要教孩子「挫折是本分，順利是福分」，既然是本分，就不必花時間去找替罪羔羊，只有檢討才有改進，才會成功。

9 推敲文字的運作

語言是種奇妙的東西，**人腦發明了語言，語言又回過頭來影響大腦的認知。在語言學上，這叫「語言相對論」**（Sapir-Whorf hypothesis），人因環境的需求，發明了許多在這環境中所需的字詞，這些語詞又回過頭增加大腦對環境的敏感。如愛斯基摩人有許多名詞來形容各種不同情況的雪：濕雪、乾雪、暴風夾帶的雪……，這些名詞又加深了他們對雪的敏感度。我們華人重視親族關係，所以對父系的親戚和母系的親戚有不同的稱呼語詞，使我們對叔叔和舅舅的親疏感覺不一樣。

有個來台學中文的ABC（American Born Chinese）學生，愁眉苦臉的來找我說，中文實在太難學了。他知道「無」就是「不」的意思，但是為什麼他把「我不常看到他」說成「我無常看到他」就不可以？這兩個字不是意思相同的嗎？他也對同樣都是四隻腳的動物，偏偏要說一頭牛、一匹馬、一隻羊，量詞使他頭痛不已。

其實量詞的正確運用是我們判斷這個人中文有多好的標準，因為它的學習是種內隱學習，是從生活中聽大人講話、不知不覺中學來的。我們的大腦有綜合歸納的本性，在聽多了各種量詞後，大腦就歸納出一個原則：長而軟叫「條」，長而硬叫「根」，短而硬叫「顆」，短而軟叫「粒」，薄而扁叫「張」……，這個內隱（即自己講不出來但是會用）的知識是有實驗證據的，我有一名學生的碩士論文就是利用電腦去找出隱藏在人們心中的這些潛在規則。

我告訴這位學中文的學生，世界上沒有哪一種語言像中文這麼生動活潑，每添加一個字就改變了它原來的意思，例如我們請學生想像一個字，我們先出現「天」，他的腦海中馬上浮現白雲，我們再出現「花」，他就得把藍天白雲改為滿臉的痘子，等再出現「板」時，他就討饒了，因為「天花」和「天花板」是完全無法聯結的影像。

中文字也不能隨便省略，「地理老師」與「地理師」是完全不同的職業。他聽了哈哈大笑，告訴我網路流傳一個很有趣的故事：COMPLETE 和 FINISH 在字典上都是「完成」的意思，但是兩者隱含的意義不同。他說："When you marry the right woman, you are COMPLETE."（你娶對了妻子，人生就圓滿了。）"But when you marry the wrong woman, you are FINISHED."（但是假如你娶錯了人，你就完了。）"And when the right one catches you with the wrong one, you are COMPLETELY FINISHED."（假如你妻子逮到你跟小三在一起，你就完全完了。）一個好的例子馬上區分兩個字的高下。

我們是用猜謎的方式推測這個人對文字的掌握，會猜謎的人，文字在他腦海中像四通八達的公路，轉換得非常快，如「車禍」打成語一句，謎底是「乘人之危」，把動詞變成副詞，成為「乘坐車子的人」。有些謎更因時勢而令人拍案叫絕，如「港澳的窮人」，打四書一句，謎底是「貧賤不能移」，對照九七年香港回歸時的風氣，真是一則絕妙好謎。

文字的運作反映出一個人的文化水準，我告訴這孩子，再學兩年你就會愛上中文了。

10 老有所用

過去有陣子一直接到銀髮族商品的促銷廣告，心想幹嘛寄給我呢？直到接到區公所通知我去辦敬老證，這才恍然大悟，原來我已是銀髮族了，不知不覺中，人生竟然過去了一大半。我是二次世界大戰後嬰兒潮的第一批，大戰結束多久，我就多少歲。一生忙忙碌碌，竟不知老之將至，難怪紀曉嵐要在《閱微草堂筆記》中說「舉世盡從忙裡老，誰人肯向死前休」。

我現在知道為什麼每一個世代都覺得下一個世代不成才，但是等到他們接班了，他們做得也沒有比我們差。原來我們所經歷的一切，對他們來說，是歷史，歷史是古人的事，他們的感受不會像我們親身經歷那麼強，我們就覺得他們膚淺、孤陋寡聞了。

有家出版社曾請我替他們的新書寫序。我在看書稿時發現有一處不知所云：一個學生偷看老師的筆記，發現上面畫著老人、小孩，還寫著「我的賴」；因為前面完全沒有提到賴這個人，我不知道怎麼會突然冒出「我的賴」來，只好找原文書比對。一看，原來譯者把“My Lai”譯成「我的賴」。My Lai 指的是越南的邁萊村，一九六八年三月十六日，美軍少尉凱利（William Calley）下令屠村，老的、小的全數殺光，這位老師當時在越南當兵，參與了這個殺戮。後來凱利少尉被軍法審判時，我正在美國念書，媒體整天播報，大家無法相信美國這個講究人權的民主國家，會教育出這樣無人性的軍官來。

在我這個世代，大概沒有人不知道邁萊事件，但是在譯者的世代，大概也沒有人知道邁萊事件。我們的經驗變成他們的歷史，我們這一代的記憶變成他們那一代的茫然。這是現實，譯者翻錯也就沒什麼可怪的了。

倒是現在人越活越長，老人越來越多，每個國家都感到老人的力量，他們手上的選票可以決定選情，於是政客開始討好老人，送一大堆福利，結果寅吃卯糧，債留子孫。這是不對的，政府不應該討好老人，應該善用老人豐富的經驗和人生的智慧，讓他們覺得自己還有用，給他們自尊，才是真正對他們好。生理年齡只在法律上有效，它強迫你屆齡退休，把位子讓出來給年輕人，但是法律無法控制你的心理年齡，現在人從退休到死亡，還有二、三十年光陰，其實需要好好的籌劃和利用。

有句英文說得好：“As long as you are green, you will continue to grow; and as soon as you think you are ripe, you will rot.”意思是只要你覺得自己還年輕，你就可以繼續成長；一旦你覺得你成熟了，那麼除了爛掉，沒有別條路可走。要幸福必須先造福，人只要活著，就是社會的一分子，**人可以從工作上退休，但不能從社會退休，只要自己還有能力，就該繼續努力**。借句廣告詞，「我不能改變身分證上的年齡，但我可以改變心理上的年齡」，優雅的老去，應該是我們的目標，單國璽主教就是最好的例子。

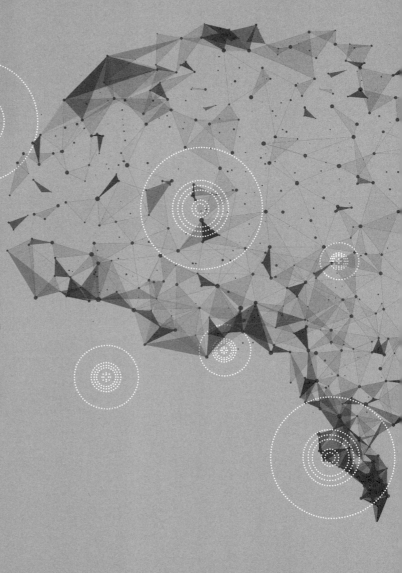

第三篇

勸勉激勵【Exhortation】

1 世事無常，碰到了就去面對它

好友來信說「小哥死了，他不願面對現實的逃避態度使他死於一個不該死的病。」我看了信腦中一片空白，不能相信當年那個扶我學騎腳踏車，在後面大叫「用力踩，不要怕，死不了」的人竟然死了。血壓高不會死，但不肯吃藥，中風或腦溢血就可能會死。他為什麼這麼固執呢？我和他小妹都已經把他拉到醫院了，他就是不肯看醫生。他在怕什麼呢？

有個研究問了三百八十人：「你願不願意知道關於自己健康、投資報告和別人對你印象的壞消息？」結果三二%的人不願知道自己健康的壞消息，四五%的人不願知道自己投資錯誤，三三%不願知道別人不喜歡他。這種「不知道就不存在」，或「看不見就沒事」，是一個很奇怪的心態。很多人都有晚上被蚊子吵到不能睡覺的痛苦經驗，但是很少人願意起來開燈，把蚊子打死。其實只有除去禍根才能一勞永逸。**逃避不能解決問題，人必須面對敵人，才可能打敗敵人。**

美洲印地安人把人生比作一根小樹枝，右端是快樂，左端是憤怒。他們說即使不斷地去折斷左端，丟棄憤怒，永遠還有一個左端存在；但是如果專注在右端上，那麼快樂一直在你旁邊。

人是活在自己的選擇中，現在醫藥進步，很多過去的絕症現在已有藥可治。既然人會生病是不可避免之事，我們就要及早教育孩子不要害怕一定會來之事，不可作鴕鳥，**世事本無常，碰到了，就去面對它——兵來將擋，水來土掩，問題就算不能解決，也會變小。天下只有想不通的人，沒有走不通的路**，正確的生活態度需要從小培養，它關係著我們一生的幸福，不可輕忽。

2 上品、中品、庸品與毒品

曾有位大學教授投書報紙說，他從前在香港教過的學生來到紐約，在他家住了一晚，這名學生是香港怡和洋行送出來進修的，一週費用五千美元，還不包括機票。學生對他說回香港後就要跳槽到別家公司，跳了薪水才會高。果然連環跳後，現在他已是某大企業的總經理了。

這位教授因此下結論說，人要常換工作才能爬得高，他相信怡和洋行老闆一定對這個學生很生氣，但是「年輕人不能為私情而不往前奔馳」。他勸年輕人不要因「感情、忠誠而耽誤自己前途」。他說嚴凱泰先生在接受交大榮譽博士時，勸告學生不要常換工作的話，在今天工商的世界中是太「農村」了。

我看了很驚訝，這不是「農村」的問題而是「厚道」的問題。一個年輕人如果位子都沒有坐熱就換工作，會給人好高騖遠、沒有定性的感覺。如果一個人一年換十二個工作，你敢用他嗎？尤其接受公司的栽培後，馬上跳槽是不厚道的。沒有公司願意做別人的人才培訓班，將心比心，老師不應該鼓勵學生享受完利益後，拍拍屁股走路。這不叫為「私情」，這叫自私自利、忘恩負義。

不論是什麼樣的先進科技社會，只要是人的社會，「忠誠、正直、公平、正義」還是核心的價值觀。做生意，誠信為上，人性之美在於「誠」，人性之貴在於「信」。

群聯電子公司的董事長潘健成先生有個「兩個饅頭」的理論，他說：「當你快餓死時，人家給你兩個饅頭，你吃飽了才有力氣去找工作，才活了下來。十年後，你發財了，你說你還他兩個饅頭，外加一個饅頭的利息，用三顆饅頭還掉這個債，像話嗎？」他說恩典不是這樣還的。

好個恩典不是這樣還的。我們要告訴孩子，**珍惜你的工作，感恩給你第一個工作的人**。因為當你什麼經驗都沒有時，他願意僱用你，讓你在職訓練、栽培你，他是你的伯樂，你要感激他。

換工作不是不可以，人往高處爬，水往低處流，而且在同一個工作做久了會沒有挑戰性，但是剛受完訓回來就立刻跳槽，甚至帶舊客戶的名單帶槍投靠是非常不厚道的。新僱主只要想一想，他會因為你的薪水高，背叛原來的老闆來投靠你，難道他以後不會因為別人的薪水更高而背叛你嗎？

司馬光說：「德勝才者謂之君子，才勝德者謂之小人。」自古以來，國之亂臣，家之敗子，皆才有餘而德不足。除非人類的品德能跟得上文明的腳步，不然文明越進步，人類越不快樂。我們實在不願意看到年輕人比現在更勢利。

有句話說得好：**有德有才是上品，有德無才是中品，無德無才是庸品，無德有才是毒品**。毒品的危害多麼可怕，它毀家傷人，做老師的怎麼可以鼓吹學生做毒品呢？

3 雙向的「意念動作效應」

某國科會主委在談到台灣人才的問題時，用了「死狀甚慘」這四個字，令老百姓看了悚然而驚，當年和我一起回國教書的同事傳訊息來說「事不可為，打包吧！」

政府高官一定要記得，在位者有上行下效、風吹草偃的作用，在用詞上不宜如此激烈，因為**文字會帶來聯想，大腦中意念聯結的活化是不能自主控制的，不恰當的言語會使原本可成的事功敗垂成**。

二〇〇二年諾貝爾經濟學獎得主康納曼在《快思慢想》中說，香蕉和嘔吐這兩個字本不相干，但是一旦把它們放在一起，會馬上令人感到不愉快，大腦會自動作時間的序列，把香蕉和嘔吐連成因果，你就對香蕉產生暫時性的反感，連帶對黃色水果也不喜歡了。這個自動化聯結所產生的促發作用並不限於概念和文字，它甚至會改變你的行為。

紐約大學心理系教授巴夫（John Baugh），請受試的學生從五個字中選四個字出來造句，如 finds, he, if, yellow, instantly；另一組學生也是，但看到的字與「老」有關，如 florida, forgetful, bald, gray, winkle。做完之後，學生要到走廊另一端的實驗室做另一個實驗，他則測量學生走過走廊的時間，結果發現那些看到和老有關字詞的大學生，走的時間比看中性字組來得慢，因為遺忘、禿頭、皺紋這些字促發了老的意念，這個意念又促發了行為，使學生走路變慢了。

這個促發效應（priming effect）非常強，沒有一個學生注意到這些字中有共同的主題（老），他們都堅持老的念頭從來沒有進入他們心中，然而他們的行動卻變慢了，這就是所謂的「意念動作效應」（ideomotor effect）。

更可怕的是這個效應也可以倒過來做，動作也會強化意念。德國的研究者請學生在房間中走五分鐘，每一分鐘走三十步，這是一般大學生步行速度的三分之一，然後請他們在電腦上辨認一閃而過的單字，結果發現這些慢走的學生對老年有關的字辨識得特別快，如 forgetful, old, lonely。假如你動作像老人，它會強化你老年的思想，這效應是雙向的。

因為這暗示的作用是不自覺的發生，因此**官員在談論國家前途時，宜從正向著手去尋找解決方式，不可未戰先敗**。左宗棠西征時，曾在路上看到一名老者的門前掛了「天下第一棋手」的旗子，左宗棠很愛下棋，便進去和老人下，結果老人三盤皆輸，左宗棠就很得意的告誡老人不可再掛。等到他收復新疆班師回朝時，看到老人門口還掛著旗子，很生氣，再進去與老人對弈，結果老者連贏三盤。左宗棠很驚訝，老者說：「出征前，我讓您贏，因為我不可挫主帥的銳氣；現在您勝利歸來，我就不再手下留情了。」

主帥不可以無氣，主委不可以無知，更何況究竟是「真無馬耶」還是「其真不知馬也」還不一定。台灣人一定要先在國外成名了、拿獎了，國內才看得見，政府才錦上添花，吳寶春未得獎前，有人知道他是誰嗎？

4 日日都是母親節

每年母親節前，同事都在互相打聽哪裡有好餐廳。不知從何開始，母親節變成大家上館子吃喝一頓的節日，而且兄弟妯娌暗中較勁，如果去年大哥請的是五星級餐廳，那麼今年我得找個六星級的帶媽媽去吃。

以前是大家那一天一起回老家幫母親做家事，讓母親休息，並讓不常見的孫子承歡膝下，培養祖孫感情；現在是在餐廳碰面，吃完鳥獸散。餐廳人聲鼎沸，音量高達九十分貝，說話要用嘶吼的才聽得見，雖然不必自己煮省事了很多，可是失去了母親節的意義。

其實，母親節有兩層意義，它讓母親感恩：能生出健康可愛的孩子是上天的福賜，多少人想要有孩子而不能，自己何其幸運，所以要感恩。有感恩才會珍惜孩子，若把孩子視為討債鬼，自然就會責打他了。在演化上，生存唯一的目的是把基因傳下去，沒有生育的人，不管自己事業做得多大，在演化上是失敗的，而且人是透過孩子讓自己再過一次童年，讓生命圓滿。

人生是一個循環：嬰兒餵飯，老人也要餵飯；嬰兒包尿布，老人也要包尿布；嬰兒用哄的，老人也要用哄的，真是「養兒方知父母恩」，沒有自己走過一趟，無法體會父母的辛勞。最重要的是孩子使我們的生命有意義。生命意義的定義是找出自己存在的價值，為這個世界留下一些東西。

如果你是父母，把孩子教好了，那麼你至少留下一個未來可能改進世界的人，這就是人類生存的希望。不論文化種族，父母都會義無反顧的為子女犧牲，火場灰燼中常看到母親背部燒焦，但懷中嬰兒完好。肉身擋火何其偉大，母親卻想都不想就自動做出，因為孩子是自己的未來，人會為愛勇敢。

反過來說，母親節是子女感念父母養育之恩的日子，很多人家孩子不過生日，因為孩子的生日是母親的受難日，貴為康熙的皇后都因難產而死，生孩子真的是鬼門關前走一回，「生得過雞酒香，生不過四塊板」，所以孩子在生日那一天要在家中陪母親來報母恩，它不應該演變成年輕人呼朋引伴去夜店慶祝生日還喝得爛醉，反讓父母操心。

母親節真正的態度應該是日日都是母親節，因為「生前一粒豆，勝過死後拜豬頭」，家人團聚彩衣娛親，不論菜煮得怎樣，都比去餐廳吃一頓有意義，更重要的是帶著孩子一起去探望母親是種身教，讓他以後也會來看你、孝敬你。

或許「己身所從出」和「從己身所出」在過程上有不同，所以我們對子女總是比對父母好，尤其現代父母可以說是名副其實的「孝子」，對孩子有求必應。經過一番生死劇痛所得到的東西，本來在心理感覺上就有親疏的不同，人不必慚愧對孩子比對父母好，但是不能做為不對父母盡孝的理由，聖人看到了這一點，所以時時特別提醒子女不忘本。

孩子平安長大是母親最大的心願，母親永遠陪伴身邊是孩子最大的福氣，讓我們時時刻刻珍惜自己所有的吧！

5 用心比用功重要

一位老師向我抱怨現在的孩子不是不用功，是不用心，叫他做的都會按照吩咐做，只是不用心去想其中的關係，使辛苦讀進去的資料沒有放對地方，變成白讀；另一位老師說，不只孩子不用心，連大人也不用心，她和朋友約了在高鐵車站見面，朋友臨時有事不能來，請別人代接，但是竟然未把見面地點細節告訴來接的人，害她在車站多等了半個多小時。她生氣地說，換人接沒關係，但要講清楚，怎麼可以這麼不用心，丟下一句「去幫我接」就不管了。

在心理學上有個墨菲定律（Murphy's Law）：假如事情有可能出錯，就一定會出錯（Anything that can go wrong will go wrong.）。很多意外就是這樣發生的，講話的人沒有用心想一下聽話的人的背景知識，陰錯陽差，悲劇就發生了。

哈佛有位教授在上課時問學生：下課前，有時間聽我講個故事嗎？學生都看看手錶說：當然有。然後他再問學生：現在是幾點鐘？結果剛剛才看過手錶的學生又再看一次錶才能回答。我們覺得奇怪：不是剛剛才看過時間的嗎？怎麼不知道現在幾點鐘？他說：因為學生第一次看手錶時，不是在看時間，而是在看離下課還有多少分鐘，夠不夠讓老師講故事，所以就不知道時間是幾點鐘，必須再看一遍。

其實我們看東西不是用眼在看，是用心在看，你只看得見你預期看見的東西。我們從小學會在特定情境中尋找特定東西，我們心中預期要找的東西會使我們忽略了不在預期之內的環境物件，因此就視而不見了。

這種只看一件東西的標準答案教育方式對創造力非常不利，因為**創造力的定義，就是在每個人都看到的東西中看到別人沒有看到的，孩子必須能從不同的角度看事情，才會有新的創意出來**。在還有八天才出生的小貓大腦造影上，我們看到牠大腦神經元有密密麻麻的神經連接，但是等到這隻貓變老時，同一個神經元的神經連接已不像小時候那麼茂密，只剩下常用的變得很粗大而已，用進廢退，不用的已被修剪掉了。

神經連接得越密，越容易觸類旁通，所以小孩子的創造力常比大人好，他們常看到大人沒看到的東西。

凡事用心是成功的必要條件，在科學上，一個問題界定得好，答案就出來了一半，誠如大家所熟知的「季諾的弔詭」（Zeno's Paradox）：如果每次都朝目標前進一半的距離，將永遠無法到達目標；也就是說，如果每次朝家門走一半的距離，將永遠進不了家門。但是如果把這個詭論倒過來，每次只朝目的地走一小步，不論這一步有多小，總有一天可以達到目的地。所以應該鼓勵孩子做，即使做得慢，總有一天也會達到目標。

「天下無難事，只怕有心人」，**人生的任何問題都在於我們如何去界定它**，登高自卑，行遠自邇，不要怕孩子學得慢，只要用心，一定會成功。

6 小心金錢式激勵

一位家長寫信給我，說她一直奉行鼓勵替代懲罰，所以把給孩子的零用錢換成幫忙做家事的酬勞，如倒垃圾、洗碗一次五十元，清房間、考一百分一百元……。一開始還好，現在老大升上國中、老二五年級後就不靈了，如果他們不缺錢就叫不動，老大還會說現在通貨膨脹，媽媽付的錢兩年沒有漲價，要求加薪，她來信問怎麼辦？

在行為主義盛行時，心理學家發現飢餓的動物進了實驗室後，會很努力的工作以換取食物；哈佛大學的史金納（B. F. Skinner）更定出了有名的報酬率。但是後來發現猴子會為了好奇心去做沒有報酬的行為，好像除了胡蘿蔔與棒子之外，還有別的成分在內，於是心理學家開始尋找。

有個實驗是把受試者隨機分成A、B兩組，請他們到實驗室做樂高積木遊戲，一連做三天。第一天兩組都無酬；第二天，A組如果成功組合出一個成品可得六美元的酬勞，B組則無酬；第三天，A組回復無酬，B組則始終無酬。實驗進行到一半時，實驗者藉故離開十分鐘，請受試者等他一下。他其實是到隔壁的觀察室偷看。結果發現第一天，兩組人在他離開後都繼續把積木組合完，平均做了四分鐘才停下來休息，表示他們對玩樂高是感興趣的；第二天，A組因為拚完一圖可拿六美元，就很勤勞的做，B組仍然跟前一天一樣，做了四分鐘後停下來休息；但是第三天情形就不同了，A組因為沒有酬勞了，工作的熱情馬上下降，B組則還是一樣。也就是說，**如果拿金錢鼓勵某個行為，行為者會失去內在的驅力，短期內會很有效，但是長期下來動機會降低**，工作會難以為繼。

這正是為什麼用錢鼓勵孩子考一百分，久一點後常常會無效。**我們如果想激發孩子的進取心，不可以把重點放在金錢報酬上，要想辦法激發他的榮譽心和自我價值**，不能把學習轉換成商業交易，一旦變成商業行為後就會失去自主性和創新性。

有個研究找了二十三名畫家，請他們自己選出十幅受委託的畫和十幅非委託的畫，送去給藝術評鑑家就創意作評鑑。結果發現受委託的作品評價遠比自由創作品低，因為被人委託時，心中不自覺有綁手綁腳的感覺，創意就低了。人必須做自己的主人才會有成就感，金錢會使創意降低。

因此如果工作是呆板無趣的話，薪水越高表現越佳，因為這種工作無內在激勵可言，但是只要牽涉到最基本的內在認知，光談報酬就不行了。人異於禽獸的地方就在此，人有自我激勵、自我滿足的心，所以，要孩子做家事，不要付他錢，要讓他看到做家事的意義，如替母親分勞；家是建立在彼此的義務上，所以家人必須相互幫忙……。考一百分不要給他錢，學習的目的不是成績單，成績單只是回饋的一種方式……。

理想和熱情會支持一個人一直往前進，金錢只會使人怠惰，父母不可不慎。

7 打了才不成才

黃昏時，耳邊又傳來打罵聲和哭泣聲，就知道隔壁的孩子又因為不肯練琴挨打了，心中著實替他嘆息，也替他抱屈。馬友友的母親說，她先生從不因孩子琴拉得不好而打他，馬友友只有在做錯事時，小屁股才會挨揍。

先不說每個孩子天賦不一樣，學習的快慢會不一樣，只要他有用心練，就不該打他，最主要的是，打孩子會把他學琴的興趣打壞，下次他看到琴，腦海中浮現的是挨打的影像，出現的是恐懼的情緒而不是愉悅期待的心情。如果要成為一位傑出的音樂家需要一萬小時的練習，而你的孩子連一個小時都拉不下去時，你如何期待他在琴藝上出人頭地？

我們大人常把成績和成熟混為一談，表現不好就要他去罰站、跑操場。其實仔細想一想，他如果笨，罰他站會變聰明嗎？考不好罰跑操場，跑完了他就考得好了嗎？開竅的早晚是基因決定的，每個孩子不同，如果你自己念小學時學習緩慢，你現在就不能要求你的孩子學習快速。把未開竅的孩子跟已開竅的比，就像叫一隻腳的人和兩隻腳的人比賽百米衝刺一樣的不公平。知識不是教過了就應該會，若是不會就是笨、偷懶、不用心。我們忘記反省一下，是否這樣的教法不適合他？還有別的方式可以用嗎？

馬友友的父親是位音樂家，懂得只有真心喜愛音樂，演奏出來的樂曲才會感動人心，不管琴技再出色，沒有感情的樂符只是物理音而已，不是樂音。因此他不因琴拉得不好而打孩子，更不會一次讓馬友友練的時間太長，因為他知道小孩子的注意力只有十五分鐘，他若專心練十五分鐘，效果會比不專心的四十五分鐘還要好。他不讓孩子因音樂而受罰，怕孩子心中會留下陰影，他說：「如果要讓孩子以後成為音樂家，就不要使音樂成為他心中恐懼的事。」我們都以為不打不成才，孰不知打了才不成才。

馬友友的母親說她兒子練琴時耳朵是聾的，聽不見你講話，也聽不見外面的聲音，因為他全神貫注在音樂中，其他的感官管道都關閉了。我們現在從腦造影的實驗中得知，**當全神貫注時，大腦整個資源都集中到所做的工作上，那個區域的血流量大增，大腦會產生大量的神經傳導物質，如多巴胺、血清素和正腎上腺素來幫助學習，這時學習效果最好**。恐懼時，孩子的注意力完全集中到老師手上的藤條，大腦中的恐懼中心杏仁核大量活化，心跳加快，手心冒冷汗，這時，沒有任何的學習效果產生。

宋朝劉摯在〈乞重修太學條制疏〉說：「昔之設學校，教養之法，師生問對，憤悱開發，相與曲折反復，諄諄善誘。」**教學生必須「曲折反復」去引導他的思想，更必須諄諄善誘，從思辨中改變他的觀念，這樣才能達到好學的目的。**父母老師們，放下你們的鞭子，讓孩子喜歡學習吧！

8 很努力，還是很聰明？

做過主管的人都曉得，獎勵得法，員工士氣大增，業績突飛猛進；獎勵不得法，不但怠工，團隊還會分裂。在職場上，老闆用的獎勵多半是金錢或股票，但是在教養上不適用，對孩子用物質的獎勵會有後遺症，它容易飽和，失去功效。

做過動物實驗的人都知道，動物在實驗前二十四小時要禁食，牠吃飽了、喝足了是不動的。因此，先禁食再用食物做獎勵，利用動物內在對生存的慾望，飢餓的給牠食物，口渴的給牠水，動物就會很努力的做反應了。

但是動物在有一種情況下，水和食物都沒有用，牠會忽略生存的需求，而追求另一種需求：實驗者先在動物大腦的「快樂中心」裝上微電極，只要牠一按開關，電流就會通過，刺激這個地方，使它產生使人快樂興奮的神經傳導物質多巴胺，動物會覺得非常high，和人類吸食了海洛英或鴉片一樣。這隻動物會忽略食物或水的需求，拚命按開關，讓電流一直不停的刺激大腦以產生快感，牠最後會因為沒有進食，體力不支、倒地而死（有人電玩打到死，大概也是這個情形）。

了解到這一點後，父母就知道**獎勵孩子最好的方法不是給糖果或錢，而是給他精神上的獎勵**，因為有形的會飽和，而無形的不會。那麼什麼是孩子最喜歡的精神上的獎勵呢？

你只要注意看一下孩子的行為就知道了，一個與媽媽分離的孩子，肚子雖然很餓還是不肯陌生人餵他吃飯，他會口裡含著飯繼續哭，因為他要的是安全感，要的是媽媽的陪伴。所以當孩子做對事情時，請把他抱在身上，講故事或讀書給他聽、陪他玩、陪他下象棋。我用這個方法，使我的孩子很小就幫我做家事，以換取我念《西遊記》給他聽的時間。

也就是說，假如你把孩子替你做事的時間用回到他身上，他會非常願意幫你做事。這個方法比給錢好很多，因為你給他的是金錢無法取代的，錢就是錢，但是媽只有一個，他會很高興有你陪伴他。其次是透過讀書給他聽，你增加了他的閱讀能力，替他打開了一扇門。

另外，**在獎勵時，要盡量用實際看得見的優點去稱讚，不要空泛的說你好乖、好聰明，因為實驗發現空泛的稱讚反而會害了孩子**。史丹佛大學的研究者給四百名五年級的孩子做一份數學考卷，在考完發卷子回去時，老師隨機對一個孩子說：「考得很好，你很努力。」對另一孩子說：「考得很好，你很聰明。」兩組唯一的差別就在「努力」與「聰明」上。

第二天老師再給他們做一份考卷，但是這次他們可以選：一張比昨天的稍難，另一張跟昨天的程度一樣，結果百分之九十被稱讚努力的學生選了難的，另一組就都選了容易的，因為萬一今天考不好，不就是表示我不聰明了嗎？

第三天，老師給他們做八年級的數學題目，因為超出孩子的程度，大家都考得不好。發卷子時，老師說：你可以選擇看別人的卷子。結果被稱讚努力的會去選比他考得好的人的卷子看，因為他想知道，都是五年級生，為什麼他會做我不會做？那些聰明的則去選考得比他差的，因為自我安慰一番，還好有人考得比我爛。

最後一天，老師把第一天的卷子再發下去給他們做，這時令人驚異的事發生了，那些被稱讚努力的孩子進步了百分之二十，被稱讚聰明的那一組成績反而下滑，因為上次八年級的考卷把他的信心給打垮了。

所以稱讚要得法，**要挑那些孩子自己有主控權、能改進的項目去稱讚他，孩子的表現就會突飛猛進了**。

教養孩子是門藝術，不是科學，每個孩子個性不同，教養的方式也不同，但是教好孩子的道理卻是相同的。父母親不必擔心自己做得如何，只要抓住原則，依孩子的個性讓他自然發展，我們只要時時用對的獎勵方式去引導他往正途走就行了。

9 手要抓得緊，線要留得長

我曾去馬來西亞的僑校做了幾場大腦與學習的演講，發現不論我演講的題目是什麼，家長的問題都是「怎麼樣可以使我的孩子更聰明？」令我哭笑不得。原來華人父母最關心的是孩子聰不聰明，難怪坊間有各式各樣的腦力開發班，收費昂貴，都宣稱可以使孩子變得更聰明（但是都提不出任何的支持證據），甚至有售價貴兩倍的「聰明」奶粉，騙父母從嬰兒期就開始為孩子的未來花錢。

其實這些都是迷思，歷史上，**成功的人不一定是最聰明的人，但是他一定是最有毅力的人**，父母親不要迷信聰明。

從上個世紀末全球E化開始，教育就已經脫離了讀死書的階段，在科技整合的現在，它要求的是團隊精神，每個人用他的長處和別人搭配共同完成一件事。所以現代的孩子不必樣樣好，但是必須有一樣比別人更好。過去說「哪裡跌倒，哪裡爬起來」，現在講「哪裡跌倒，換個地方爬起來」，**孩子最終是用長處與別人競爭，何必管他的短處呢？**在教學上不必再「截長補短」了，現在的關鍵是發展長處。

網路的世界無遠弗屆，任何事一發生霎時傳遍全球，孩子的品德比以前更重要，以前說「騙得了一時，騙不了一世」，現在連一時都騙不了，一上網馬上拆穿騙局。許多大企業家現在又回過頭來講誠信、講王道，就是這個原因。而且沒有好的品德交不到真心的朋友，沒有朋友就沒有人脈，在大家都差不多聰明的現代社會，人脈決定最後的勝負。

父母一定要了解，孩子離開學校進入社會所需用到的知識還沒有發明，舊知識的一百分在未來求職上完全沒有意義。現在應該把要背的東西交給電腦，讓孩子的腦力釋放出來做組織和整理，沒有經過消化、組織的知識是沒有用的知識。所以孩子只要有學習能力，能隨時學新的東西，家長就不必擔心。

還有，**現代父母應該把補習的時間拿來讓孩子遊戲，因為大腦科學研究發現遊戲不是學習的敵人，它是學習的夥伴**。遊戲時大腦會分泌一種神經營養素 BDNF，促使神經元的連接更綿密，而創造力在神經學上的定義正是兩個不相干的神經迴路碰在一起活化第三條迴路。同時遊戲時是想像力的發揮，想像力是創造力的根本。

遊戲時，孩子不但學習人際關係，也培養他的領袖能力。一個獨處的孩子是不懂得如何與別人互動的，所以要盡量讓孩子參加球隊或童子軍等團體活動，早早學會人生就像球賽，有贏有輸，沒有什麼大不了，而童子軍的團體活動可以訓練孩子合群。

科學家更發現情緒和學習、健康有正向關係，遊戲時孩子很快樂，而快樂會增強孩子的免疫力，並促使神經元活化。有好幾個研究都發現，孩子在快樂時學習最快、創意最多。

全世界的國家都在做教育改革，以因應新世紀的需求。經濟合作發展組織（OECD）特別強調二十一世紀的公民應有應變能力和創造力，因為現代知識翻新之快已經超越我們的想像了，幾年前還沒有人知道「雲端」，現在每個人都在雲端上學習。

「**父母觀念的改變是孩子成功的起點**」，這句話是有道理的。

親子教養專家指出，**父母給孩子最好的禮物是一個溫暖的家**。孩子大腦和人格成長最重要的因素是安全感，人類是所有動物中童年期最長的，在以前，沒有父母的孩子是活不了的，孩子最大的恐懼是沒有人愛。一九五六年哈洛（Harry Harlow）的猴子實驗讓全世界的父母看到，孩子要的是安全感，不是物質上的享受，所以父母不必去加班賺錢買玩具，大人的陪伴就是他最好的禮物。

第二，**養成他閱讀的習慣**。說話是本能，一個孩子放在正常的環境裡沒有人教他說話，他會說話；但是一個孩子放在正常的環境中沒有人教他閱讀，他是文盲。閱讀是習慣，所以要教。葡萄牙的實驗顯示閱讀行為會改變大腦的組織，文盲和識字者的大腦在前額葉和顳葉的結構不同。閱讀打開了人類知識的門，孩子只要能走進閱讀的門，父母便不必擔心了，書中自有先聖先賢來教孩子做人的道理。

那麼如何把孩子帶進閱讀的門呢？研究發現親子共讀是最好的方式，每天晚上半個小時，把孩子抱在身上，讀書給他聽，這個親子共讀無法用 CD 取代，因為孩子要的不只是故事內容，還有被父母抱著時的安全感，以及父母專心念書給他聽，不處理別的事情時的受尊重感覺。這種感覺會使他長大後喜愛閱讀。

一個喜歡閱讀的孩子不會寂寞，他不必求別人陪伴，這可以養成他獨立的性格，也使他有足夠的背景知識做出理智的判斷，不易被別人欺騙。最主要的是，愛閱讀的孩子不會變壞。所以普立茲獎得主米契納（James Michener）說：現在的你和五年後的你，最大的差別在你所看的書和所交的朋友。他說：「告訴我你的朋友是誰，我就知道你是個什麼樣的人。」書和朋友在青春期人格形成時特別重要。

最後，**父母要教會孩子紀律，一個沒有紀律的孩子是無法學習的**，父母教好了孩子紀律就等於成功了一半。放眼中外，所有成功的人都是自律極強的人。

很多人為管教孩子憂心忡忡，其實不必，**教孩子要像放風箏一樣，手要抓得緊，線**

要留得長。因為手一鬆，風箏飛掉就找不回來了，線太短，風來了，風箏飛不起來，只有放長線，風箏才飛得高，但是線在父母的手上，一旦偏歪了，線一收，風箏就正了。在孩子小的時候，父母是孩子的監護人，要監督和保護他，等他成年了，有自己的判斷力後，再做他的朋友，給他忠告。

父母真的不必太在意孩子的聰明智慧，他只要不笨就行了。但是他必須有好的品格、有敬業的態度，因為這才是真正決定他勝敗的因素。

10 孩子也可以講道理

有次去美國開會，回程時，有位媽媽帶著五歲的男孩上了飛機，大家一見都倒抽一口涼氣，暗自禱告，希望他們坐得離自己遠一點，長途飛行有孩子哭鬧是最受不了的事。想不到上了機一看，他們就坐在我旁邊，真是欲哭無淚。

這位媽媽很客氣的問我可不可以和她兒子換個位子，因為她的孩子是第一次坐飛機，想看窗外的風景，我欣然同意，心想任何使這孩子不哭不鬧的辦法我都願意配合。沒想到起飛後，這孩子很乖，一點不吵，吃飯也很規矩，沒撒得一地都是，更沒有挑食。吃過飯，刷過牙，母親從包包中取出一隻小熊，他抱著就睡了，看得我目瞪口呆，忍不住問這位媽媽她是怎麼教孩子的。

原來這對母子是住在舊金山的法國人，要從台灣轉機去越南與她先生相聚過耶誕節。她說**當大人事先把所有可能的情況對孩子說明白後，孩子自然知道"what to expect"**，什麼是該發生的，什麼是他該反應的，他就不會因恐懼不安而吵鬧了。我問：五歲就說這些，不會太小聽不懂嗎？她微笑說，不要低估孩子的能力，孩子不懂的話，他自然會問。她舉例說：她告訴孩子「全程都要綁安全帶，就像坐汽車一樣，這目的是要保護你，使你不因氣流不穩而受傷，你不願意在看到爸爸之前就受傷不能跟爸爸玩，對不對？」一孩子明瞭安全帶的目的後就不會排斥，自己會綁上，不需要她監督。

她又說，她告訴孩子飛行時間很長，必須在機上過夜，但不能換睡衣，因為不是在自己家中，因此旅行的衣服要寬鬆使血液流通，腿才不會腫，所以不能穿他最喜歡的衣服。我又驚訝了，五歲的孩子知道什麼叫血液嗎？她反問：為什麼不知道？難道你的孩子不曾流過血嗎？流血沒有什麼大不了，血液沖洗掉骯髒的細菌，使傷口不化膿早日復原。我心中暗自慚愧，我是學生物的，卻從來不曾對我孩子講過流血的功能，我的孩子很害怕流血，每次流血都要大哭，以為他要死掉了。其實教他真相，他反而不害怕。

我又問：為何孩子吃飯不挑食？她說美國嬰兒罐頭太貴，而且不好吃，她是把大人的食物用果汁機攪碎了給孩子吃，孩子從小習慣所有的蔬菜，所以不挑食。我恍然大悟，口味是從小養成的，小時候吃過的東西，長大會喜歡吃，這是大自然給孩子的一種保護，父母給的食物可以安心吃，那是安全的，陌生的食物則要一點一點的試，若是二十四小時未有異狀，再回來吃多一點，直到確認這種新食物是無害的才可以大口的吃。所有動物都有這個習性，因此聰明的母親在孩子小時候盡量給他吃不同的食物，讓他習慣後，長大不偏食。

美國嬰兒罐頭真的不好吃，不甜不鹹，沒有味道，多半是紅蘿蔔泥、馬鈴薯泥、南瓜泥、菠菜泥、青豆泥，孩子不肯吃常吐出來，讓餵飯成為父母最頭痛之事。但是因為方便，只要一開就可以餵，嬰兒期的父母多半睡眠不足，每天忙得焦頭爛額，若有現成的食物，很少人會費事自己動手做。我們忘記孩子一定要喜歡才會吃得多，強迫餵飯是大人痛苦，孩子也痛苦。

當空服員來點餐時，她正在跟孩子念故事書，她叫孩子等一下，孩子就真的等在一旁，沒有吵鬧。我稱讚孩子乖，她說**不能讓孩子支使著你團團轉，要讓孩子知道別人也有別人的事，不是你要，別人就得放下他手邊的事馬上滿足你**。她說**「等待」是很重要的訓練，要從小養成**，不然孩子一碰挫折就覺得自己受了委屈，會去怪罪別人。我有點懷疑五歲的孩子懂得什麼叫等待嗎？

曾經有個有名的實驗是給幼兒園的孩子看桌上的糖果，對他們說：「現在吃，可以吃一顆，但是等十五分鐘再吃的話，可以吃兩顆。」結果發現可以等待的孩子到小學四年級時，各方面的表現都比馬上滿足的那一組好得多，這實驗叫「延宕的滿足」。大家都知道等待的重要性，畢竟人生沒有盡如君意之事，沒有從小讓孩子學會等待，他會很沒有耐心，一不如意就哭鬧，但是我們卻不知道如何訓練孩子，原來是從生活中，讓他一點一滴去體驗、去習慣。

她說她並未特別看什麼育兒寶典之類的書，只是她覺得教育思想家盧梭在《愛彌兒》（*Emile*）一書中說得很對，人是有靈性的，嬰兒也有，**大人只要講道理給他聽，讓他了解每件事的後果是什麼，孩子自然就會做出他的選擇了**。

我好奇：難道她的孩子在市場看到糖果不哭鬧？她說一開始會，但發現哭鬧無效後，就不再浪費力氣了。她說，大人只要堅持原則，不隨便投降，孩子就會聽話，因為天下的孩子都很精，一旦知道大人的話有討價還價的餘地，以後父母講的話就不會聽。

她的話令我悚然而驚，難怪我們的孩子都講不聽，原來父母常不能堅守原則，讓孩子認為大人不過講講罷了，不一定真的執行，常要等到父母大聲喝止時，他才停手，因為那時他知道父母是玩真的。

這一趟飛行令我茅塞頓開，**孩子有很大的可塑性，端看大人如何塑造他**。我們忘記以身作則、令出必行的重要性，忘記了商鞅變法會成功是因為他說到做到，讓老百姓知道他是玩真的。令不行，誰會在乎你說了些什麼呢？如果孩子把父母的話當耳邊風，父母就要趕快檢討自己了。

盧梭是對的，每個孩子都是聰明的，他們都會察顏觀色，都懂得找漏洞鑽，做對自己最有利的事，但是只要一開始時把規範講清楚，樹立好規矩，讓他知道在範圍內，他可以自由發展，在範圍外，他必須嚴守紀律，這孩子就教養成功了。這位媽媽的成功就是一個範例。

第四篇

環境形塑【Environment】

1 教育的重點在品德與強身

有個學生很疑惑的問我：「微積分老師說數學是一切科學之母，而科學是文明的基礎。如果數學這麼重要，為什麼柏拉圖會說雅典的公民在二十歲以前只要音樂和體育就夠了？他為什麼忽略數學？」

很好，這個學生有思辨的能力。柏拉圖是認為先把雅典公民的品德和體魄鍛鍊好，再教他們專業知識也不遲。因為**人在未成為數學家之前，他先是個人，所以數學家應該先具有公民的美德和素養**，不然學問用到錯的地方會禍國殃民。

他點點頭，滿意的走了。我卻很感慨，在學校中，音樂老師一向是最沒有保障的一群，只要教育經費吃緊，第一個被砍的便是音樂和美術課。人們不知道音樂可以幫助大腦，尤其聽覺皮質的發育，可增進記憶等認知功能，幫助孩子學習國英數。西北大學的實驗就顯示，音樂對語言學習、記憶、注意力都有幫助。

實驗者先對七十五名學童做一系列聽力、記憶力、注意力、語言能力和口語反應速度的測驗，然後把他們分為兩組，一組學習各種樂器，另一組學習音樂史和樂理。兩年後再做同樣的測驗，結果發現音樂組的孩子在語言、聽力反應上都比控制組好很多。這個結果讓很多人驚訝，因為人們一般認為音樂可有可無，是富裕者的休閒活動，不知道它竟會影響大腦。

為了確定效果，研究者把人數增加到一百五十人，再重做一次實驗，結果再次發現樂器的練習，的確會加快聽覺皮質的發展和聽神經的敏感度，這組孩子在吵雜的環境中，聽得比較清楚，語音辨識力比較強。

學習樂器有很多好處，第一，它是紀律和注意力的訓練：要學會一種樂器必須持之以恆，不能三天打漁兩天曬網；又因演奏時，必須密切配合別人的速度，所以除了專注於自己的演奏，還須關注別人的步調；第二，每週兩次的排演給了孩子社交的機會，強化他們的人際關係；上台表演更增加孩子的自信心，曾有被霸凌的孩子因為一次出色的演出，被同學另眼相看，從此不再被欺負。

音樂可以強化大腦的認知能力，有利孩子身心的發展，台灣的尤虹文和詹曉昀就是最好的例子，他們是哈佛大學和紐約茱莉亞音樂學院的畢業生，尤虹文是大提琴家，詹曉昀是紐約大都會歌劇院管弦樂團的首席小提琴家。

音樂對大腦的影響長達一生，一般年紀大的人對語言的反應會比較慢，但是音樂家不會。研究發現一個六十五歲的音樂家，他的語言反應速度等於二十五歲的非音樂家；一個小時候有學琴，但長大後沒有再碰琴的六十五歲老人，他的反應比一樣為六十五歲但從來沒有學琴的人快，不過比職業音樂家慢。

柏拉圖是對的，教育的重點在品德與強身，它們是一，其餘的是一後面的零，只有一存在時，後面的零才有意義。

2 小心「有毒的正向」

兩位以前教過的學生約我談一下她們在教學上的困惑。她們都是從小立志當老師的人，有熱忱、有理想，我有點好奇她們的問題會是什麼，因為一般工作上的困擾不外乎人事和公事，而我知道她們有足夠的智慧去解決這兩點。

我沒想到她們的問題是「浮誇」。

現在社會流行按「讚」，學校也是，對學生都是貼大大的讚，比賽也是皆大歡喜，統統有獎。但是這一來，學生對競賽就失去了興趣，對老師的獎勵也意興闌珊了。她們問：這種完全沒有區辨性的正向教育對嗎？人生免不了有挫折，在順境長大的孩子，將來碰到挫折時，該怎麼辦？

的確現在社會的風氣是什麼事都說「沒事」、「沒問題」、「不要擔心」，而不實際去看是不是真的沒事、該不該擔心。研究上把**這種過度的正向態度叫做「有毒的正向」（toxic positivity），它變成粉飾太平、自欺欺人**。這種態度會誤事，好像明知有病卻不敢去看醫生，或是明知公司經營不善卻不敢去查帳。這種樂觀只會使問題滾雪球，滾到後來不可收拾。

二〇一八年有一個大型的研究，調查一千三百位成人對不愉快事情的處理態度。結果發現那些習慣逃避問題的人，身心都多病，反而是敢接受負面感覺（我今天心情不好）的人，身心都比較健康。

其實人是可以有負面情緒的，並不是每一個人每天都要過得很快樂才是正常。正向態度並不是對付不如意事情的唯一或最好的方法。目前在治療焦慮症病人上有一個新方法叫「防禦性悲觀」（defensive pessimism），讓病人先把所有最壞的情況都想像出來，然後個別去擊破它。因為一旦知道如何去應付，焦慮就會減低，尤其研究已經知道沙盤演練有效，因為它動用到跟真正執行這個動作完全一樣的神經元，成竹在胸的人自然不焦慮。

美國新冠肺炎死亡人數比韓戰、越戰、兩伊戰爭所有死亡的士兵還多，就是因為川普不肯接受負面的訊息，不相信醫學、不戴口罩、不隔離，堅信病毒不會怎樣，甚至已經被感染了，仍然輕敵。他這種「我很好，美國很好，天下很好」正向態度的毒性，使美國冤死了數十萬人。

其實，真正的自信不是來自別人的誇獎，而是同儕對你長期的肯定。自欺欺人是可怕的，因為疫情，大家不能出國，就有人假裝出國去機場辦手續、吃飛機餐，在台灣島上繞一圈再下來，這種假裝也是一種欺騙，騙自己出國去玩了，除了傷荷包，沒有任何好處，反而給孩子一個壞榜樣。

現在的孩子已經很會假裝了，他們假裝自己是超人、天才、無敵鐵金鋼……，大人不切實際的誇獎會更加深孩子錯誤的觀念，以為自己是天下無敵。

其實腳踏實地、實事求是一直是我們立國的精神，政客為了選票，討好選民，便信口開河說一堆不符事實的美麗謊言，如瘦肉精吃了沒關係等等，這種忽略事實、浮誇的態度，會誤導孩子對事實和真理的追求，需戒慎恐懼待之。

3 真正的運動家精神

西班牙舉行鐵人三項競賽——游泳、自行車和長跑。因為次序固定，所以到長跑時，勝負大致已定，由英國的 Teagle 和西班牙的 Mentrida 兩人爭第三名的銅牌。一路上 Teagle 都領先，沒想到快到終點時，他轉錯了方向，馬上被緊跟在後的 Mentrida 超越了。大家都以為銅牌是 Mentrida 的了，想不到他卻在終點線前，停了下來，讓 Teagle 先過，因為他認為 Teagle 比他強，應該拿銅牌。全場觀眾瘋狂地鼓掌，這才是真正的奧林匹克精神——公平競技的運動員精神。

Mentrida 的行為讓我非常感動，在這功利的社會，好久沒有看到這種振奮人心的事情了，我便把它跟學生分享。想不到一個學生馬上用鄙夷的口氣說：「老師，那是因為獎金不高，才三百歐元而已，若是獎金三萬歐元，你看他讓不讓？」我聽了愕然，什麼時候我們的社會變得如此的酸，見不得別人好？

我發現常常只要有人做了值得別人效法或讚揚的事時，就會有人跳出來懷疑他的動機，或是講一些很酸的話來誹謗他。甚至還有很多損人不利己的假訊息在流傳，例如我收到一個訊息說「女性夜間搭計程車不必害怕了，上車後，只要用手機撥八五〇加計程車的車牌號碼，警政署便會追蹤，一路護送你到家」。我看了很高興，因為彭婉如命案至今沒有破，我每天最擔心的就是女生實驗做到很晚，回家不安全。我便馬上把它轉給學生看，沒想到它竟然是假的。我不懂，為什麼有人要花寶貴的時間去製造假消息來捉弄別人呢？

人類社會是一個很脆弱的組織，很容易被政客和網軍所撕裂，一旦破壞了，很難彌補回來，如二千年大選時所造成的族群撕裂到現在二十多年了，還沒有修復回來。

人類最珍貴的是互信，最可貴的是互助，民主社會是個命運共同體，大家禍福與共，如果這個社會被戰火摧毀了，社會中的每一個人也無法倖免，覆巢之下是真的不可能有完卵的。我們有幸生在這個幸福的寶島，請珍惜這個機緣，不要讓傳統的道德淪喪，真理被扭曲。德國詩人海涅（Heinrich Heine）說的好，「會燒書的地方，最後也會燒人」，緘默的大眾出聲吧，不要被不負責任的政客所拖累，讓他們用意識型態把我們推向萬劫不復的戰爭悲劇。

4 教育是不會虧本的投資

台灣社會常出現不理性的抗爭，從美牛到十二年國教，大家紛紛擾擾、各說各話，卻不見從證據出發（evidence based）的理性辯論。從證據出發的溝通是二十一世紀的溝通方式，我們人進入了二十一世紀，大腦卻還留在十八世紀，還在「我說了算」的封建思想中。

美國華盛頓大學的杭特（Earl Hunt）教授在得到美國心理學會的卡特爾獎時，曾發表論文〈是什麼造就一國智慧？〉（What Makes Nations Intelligent?），清楚指出正規教育（formal education）的重要性：一名孩子在進小學一年級時，他所能預期的受教育年數，每增加一年，那個國家的平均智商就上升二・七。這個教育上的差異反映在該國的經濟成長上。

研究者將一九七〇到二〇〇〇年每個國家教育年數及其國民所得（GDP/C）求相關，結果是〇・四〇，這是很大的相關。撒哈拉沙漠以南的國家平均受教育年數是九・五年，從五（厄利垂亞）到十三・五（塞席爾），英美法德加則是十六・五年。若把英美等已開發國家的智商定為一〇〇，那麼這些撒哈拉沙漠以南國家與英美教育年數的差距是七，乘上二・七是十八・九，在國家發展上，智商十八・九的差異是這個國家貧或富的原因之一。

正規教育和非正規教育的差別，可以從愛迪生（Thomas Alva Edison）和特斯拉（Nikola Tesla）在直流電和交流電之爭看出。特斯拉是塞爾維亞的工程師，受過嚴謹的數學教育（現在核磁共振所用的單位即為 Tesla，它是測量磁場通量密度的國際單位）。他剛到美國時是替愛迪生做事，他看到直流電的不可行，主張交流電，但是因為愛迪生只上過三個月的學，不理解交流電的理論，加上他已投資在直流電上，便堅持直流電。

最後特斯拉贏了，愛迪生為此債台高築，連他創辦的愛迪生奇異公司（Edison General Electric）也被改為奇異（GE），把他的名字除掉了。愛迪生有創造力和企業力，但是缺乏數學和複雜理論的洞察力。所以特斯拉說愛迪生用的方法效率很低，事倍功半，他說愛迪生如果知道一些起碼的理論和計算方式，就能節省九十%的力氣。

因此十二年國教是重要的，它可以提升國民的水準和國家的競爭力，對台灣的未來有決定性的關係。芬蘭在七〇年代投資教育，二十年後，芬蘭崛起，可見教育是唯一真正不會虧本的投資。

一件事若是對，就該去做。南宋謝枋得在〈與李養吾書〉中說：「大丈夫行事，論是非，不論利害；論逆順，不論成敗；論萬世，不論一生。志之所在，氣亦隨之。」既然延長義務教育、提升國家競爭力是必然的趨勢，大家就應該同心協力，一起完成。我們只要肯**跳脫明星學校的舊觀念，用新思維去考慮孩子未來必備的競爭力**，就會找出可行的方式。

5 人才沒有國界

曾跟一個基金會去南部做暑期師資培育，演講的場地很好，校舍巍峨，圖書館藏書豐富，卻聽說招生不足要退場，真是可惜了這麼好的硬體設備。這所學校沒有收場地費，因為學校認為師資培育是件好事，教育資源應該共享，老師觀念正確，孩子的教育才會成功。我聽了很感動，會場兩天的冷氣費應該是筆不小的開支，難得學校為教育不計較。中午吃便當時，有人說如果開放陸生來台，這學校可能就不必關閉，立刻有人反對：「台灣人的資源豈可給大陸人使用？」

美國維吉尼亞大學有位教授寫了一篇討論高等教育目的的文章，她說美國會富強就是用了全世界第一流的頭腦來替國家做事。她父親是一九五六年從印度到芝加哥大學讀書，初來時，除了學習的熱忱什麼都沒有。她父親學成後，在伊利諾理工學院教書，培育了很多美國人才。文章中舉了很多例子，**許多我們認為理所當然的發明，其實是全世界精英貢獻所能的結果**。楚材晉用是最快、最有效，也最聰明的強國方式，為什麼我們要怕陸生來統戰我們？為什麼不是我們去統戰他們？為什麼我們對自己這麼沒有信心？

鎖國心態是可怕的，自絕於人的後果是看到別人絕塵而去，而自己瞠乎其後；它也是無用的，因為鎖得住人的形體，鎖不住人的心智。幾乎全世界所有的大公司都有智庫（Think Tank），知識和點子只有撞擊才會出現火花，死水只會乾枯，活水才能長流。

我在聽時很感嘆，台灣本身是作育英才的教授，教育的觀念竟如此有偏差，他們反對十二年國教的理由是學生不考就不念，免試升學會把學生的程度拉低，以後國家無可用之人。但是如果我們的學生對學習的態度是不考就不念，那才是我們要擔心的地方。

哈佛大學總圖書館側門頂端刻了一句話："Enter to Grow in Wisdom." 大學是一個讓學生進來，在智慧中成長的地方。而人更應該終身學習："Non scholae, sed vitae discimus. (We learn, not for school, but for life.)"（我們不是為學校學習，而是為人生學習。）如果學習是為考試，當然不考就不念，但是這種學生離開學校後會有什麼用？不再讀書只憑經驗去做推論，他會像那些反對麥當勞病童之家的人說：「癌症會傳染，因為我在醫院做過十幾年的志工，我知道。」癌症當然不會傳染，沒有知識根據的以訛傳訛是很危險的。

大學是生命中最寶貴的時光，因為智慧已開，身軀已壯，但是還沒有世俗的牽絆，是一個充實自己、追求理想最好的時候。一個大學生不應為了找工作、為了榮耀父母去擠明星學校的窄門。

年輕人不必怕，人有兩隻手，只養一張嘴，只要肯做，餓不死的。我們不該鼓勵年輕人「願為五陵輕薄兒，生在貞觀開元時，鬥雞走犬過一生，天地安危兩不知」，只求溫飽，沒有創業鬥志的學生才是我們教育最大的隱憂。

6 新世代的經驗學習

家長總是好奇：怎樣才能使我的小孩更聰明？

其實現在的孩子已經比他們的父母更聰明了。紐西蘭的佛林（James R. Flynn）教授在《人越來越聰明？》（*Are We Getting Smarter?*）一書中指出，從一九四七到二〇〇二年，美國學生的智商每十年提升三點，而且是持續的上升，沒有停過，也就是說，一九八九年的孩子IQ比一九八八年的增加了〇．三點。這個「佛林效應」（Flynn Effect）在比較了一百七十萬名美國五、六、七年級的學生後，已被證實是正確的。

這真是非常令人驚訝，它表示如果以一九九〇年的標準倒回去看，一九〇〇年的英國人平均IQ只有七十，在智障的邊緣，但是我們知道事實並非如此，尤其增加的項目不在語文和算術上，而在抽象推理及類比上。

抽象推理和類比就是智力測驗中瑞文氏測驗（Raven Progressive Matrices）的精神，比如說：電腦螢幕上，左邊有匹馬，下面有個四，中間是隻螃蟹，下面有個八，右邊有個天平，下面沒有數字，你要從零到九中選一個數字，如果選對，地道門就打開，這一關就破了。

沒玩電玩的人常會選一或二（天平是一根桿子，兩邊各一個盤子），但是玩電玩的孩子會選零，選零，地道門就開了。因為馬有四條腿，螃蟹有八隻腳（另有一對大螯並不是用來走路的，所以不算是腳），天平沒有腳，它不是動物。打電玩的孩子很快就找出它們之間的關係，按最基本的動物／非動物分類，不被物體的外表所影響，而分類正是智慧的基礎。

現在也有很多實驗顯示電玩不是完全不好，不過一定不能是暴力和色情。孩子透過電玩經驗到很多他們本來不會接觸到的情境。當知識面變廣，經驗增加，他們抽象推理的能力也變強了。大腦實驗發現冥想也能改變大腦，與實際動手做相似，因此電玩虛擬的經驗就變得更重要了。

人的記憶不可靠，在法庭上，證人常不能重複被告當時的句子（verbatim），只記得大概意思（gist）。為什麼不能呢？它有演化上的原因，太多細節，限制變多，框框就變窄，不容易類化。例如徵友的條件，如果只是年輕女性，很多女生都符合，但是列出了年齡、身高、學歷，應徵的人數就減少了。

框框越模糊，彈性越大，它的應用度也越廣，所以大腦在學會一個經驗後，會把原則抽出，儲存起來，下次再碰到類似情況時，馬上提取出來用。人年紀越長，經驗越多，臨機應變的能力越強，所以俗語說「薑是老的辣」。但是現在情況不同了，年輕人不再靠實際的經驗增加他們的智慧，他們從虛擬中學，我們看到全球首富的年齡一直在降低中。

彈性、**比擬**、**類化**、**推論和活用是智慧成長的特徵**，大腦的彈性越小，接受新東西的能力越弱，很多老人到現在不能接受手機也能照相，就是為此。

長江後浪推前浪，父母不必再擔憂孩子不夠聰明，反而要努力使自己趕得上時代，不要將來被孩子看不起。

7 用科技，還是被科技用？

有名學生遲到，教官叫他登記進校門的時間，他看著鐘竟認不出現在是幾點，原來他從小到大都是用電子錶，所以不會看鐘。有位校長說，學校雖然規劃了接送區，但家長都堅持把孩子送到校門口，不願孩子多走幾步路，她擔心以後孩子的腿會退化，要靠滑板來移動了。希臘哲學家蘇格拉底曾憂心的說：「字母的發明使學生的心智怠惰，他們已不再用自己的記憶了，轉靠書寫文字。」

不可諱言的，科技改變了我們的生活，我們現在已經不能想像沒有 iPhone、GPS 的生活。E化使人不再靠自己，轉向依賴科技：現代人沒有手機不會講話，因為只會傳簡訊；沒有 GPS 不能上路，有人甚至連開車回家也要用 GPS。人已經不再用自己的大腦思索了，我們已經習慣把思考交給機器，所以現代機器越來越像人，會重複叮嚀前面有超速照相；人也越來越像機器，沒有指示就不會做事。

E化最厲害的地方是它使人處在人群中，而沒有與人接觸。有一次助教傳訊息給我「老師，星期一要小考嗎？」我回「要」，他問「考哪幾章？」「一到三章。」他再問「要出幾題？」我不耐煩了，打「來我辦公室」，他推門就進來了，原來他就站在門外，令我氣結。以前坐火車很嘈雜，很多人在講電話，現在坐火車很安靜，大家都埋頭傳訊息。

傳訊息固然方便，但有時太簡短，會產生誤會。有位老師說，天道循環，我們現在又復古了。我問他什麼意思？他說：古人在竹簡上刻字，因竹簡得來不易，因此文字盡量簡潔，使一小片竹簡可以記載整件大事，它的壞處是常語焉不詳，使後人為了語意而辯論。現在學生考試也用傳訊息的方式答題，因太過簡潔，老師也猜不透他的原意。

現在網路資訊湧出得太快太多，孩子在做功課時，常一直瞄有沒有新訊息進來，這種聲音和視覺的密集轟炸會干擾孩子的注意力，使他們無法專注在一件事上。所以現在孩子的反應都很直覺，他們很難作深度思考，更不要說反思了。

時代的潮流無法抵擋，就像蘇格拉底一樣，再怎麼不甘願，也無法抵擋字母的傳播。有研究發現十六歲以下的孩子，在放學後的自由時間中，只有二%的時間是獨處，其他時間都在上網。這個壞處是網上虛擬的互動，缺少了人跟人眼睛的接觸及非語言的肢體、表情暗示，所以這樣長大的孩子人際關係不好，常得罪人而不自知。正向的人際關係是成功的必要條件之一，不會說話或說話不得當對事業的發展不利。

在二十一世紀不會用科技產品會被社會淘汰，但**如何不過度仰賴科技，在方便中，不迷失自己，需要一些智慧**。每件事都有執行和策劃兩個層面，執行的部分可以交給科技代勞，但策劃面必須由人自己做，才會有成就感。不然會像很多現代人一樣，不知自己存在的價值在哪裡而感到憂鬱空虛了。

8 請從禮貌開始教起

有一天在朋友家，她念國二的兒子正好放學回來，看到我們並未打招呼，也沒喊他媽媽，便直接穿過客廳進去裡面。朋友有點尷尬，就先跟他說話：「你回來了？今天課上得還好嗎？」孩子還是不答腔，自顧自的進了房間，很奇怪的是，我聽到鎖門的聲音。我驚愕的望著朋友，她自我解嘲說：「唉！現在孩子都是這樣。」我很不以為然，這不是理由，因為有許多孩子不是這樣。這是沒有禮貌，這孩子被寵壞了。

我小時候放學回家要先喊母親說「媽，我回來了」，然後看今天家中有什麼事需要做。母親說家是大家的，所以家事是大家做；長輩走進房間，小輩要站起來，不可以大剌剌坐在椅子上不動；別人對我們說話，不論是誰，都要有禮貌的回答，她不要別人說她的孩子沒有家教。

母親的這些要求後來變成我們出社會後待人接物的態度，也真的讓我體會到「有禮走天下」這句話。

其實，在文明社會中，有問有答是基本禮貌，晚輩對長輩怎麼可以愛理不理，高興才回答、不高興就不回答呢？杜威（John Dewey）說「生活即教育」，禮貌是一種需要自小從生活中教的習慣，它直接儲存在大腦神經連接的突觸上，哪怕這孩子將來得了失憶症，他小時候學的習慣並不會丟掉。父母不可以推諉掉這個教養的責任。

後來和學生談起這件事，一個學生說：「大人也是一樣呀！我們跟父母講話，他們也是愛理不理的。」另一個說：「我爸從來都不曾正眼看著我說話。」還有一個說：「我們才不敢回答，每次回答都被老師說強辯，反而挨打。」我才明瞭冰凍三尺非一日之寒，原來是大人說話也不客氣，給孩子做了壞榜樣。

我想起曾接過一通電話：「喂，你是那個洪什麼嗎？有人託我帶東西給你。」原來我妹妹在美國學校教書，把他們多的英文書托人帶回來捐到山地去，這人很熱心，但是很沒有禮貌。還有一次在宴會上，坐我旁邊的企業家飯後端起茶來咕嚕咕嚕的漱口，然後吞下去，一剎時，我全身雞皮疙瘩都起來了。這行為只可在洗手間做，不可在餐桌上做。報上有讀者投書說：幾十個學生下公車，卻沒有一個人向司機說聲「謝謝」……。我們的社會怎麼進步到連這些最基本的禮貌都沒有了呢？

「禮」是社會運轉的潤滑劑，無禮，社會就會充滿暴戾之氣。現在的孩子在家中父母無暇教、到學校又忙著學那些出社會後用不到的方程式，使得真正該學的沒有時間學。其實我們中學課程教了太多、太深，中學的教育應該是通才教育，因為**大部分人不需要高深的學問來就業，但是一定要有普通常識和進退應對的禮貌，事業才會順利。**

教育是為學生出社會做準備，就請學校從禮貌開始教起吧！

9 先知道學生要什麼

有次在學校用餐時，聽到同事在討論為什麼今年願意來實驗室餵老鼠的人變多了。我正在高興現在學生懂事了，知道在正式進入某個領域前先來了解一番，沒想到在整理舊報紙時，赫然發現一張父母徹夜在彰化基督教醫院門口排隊為孩子報名志工的圖片，這才了解最近志工紅是因為將來甄試評比時可派上用場。如此擺明了為以後進醫學院方便才去做志工，讓人非常不齒。

傷心之餘不禁想，為什麼我們的學生這麼被動，連志工都要父母安排？他們的熱忱呢？

哈佛大學教授克里斯汀生（Clayton M. Christensen）在《你要如何衡量你的人生？》（*How Will You Measure Your Life?*）一書中說，學生對上學沒有興趣，主要是學校沒有給他們想要的東西。大部分學校不知道學生要什麼，學生也不知道自己要什麼，所以年輕人酗酒、飆車、嗑藥，因為找不到生活的目的和生命的意義。

他的研究發現，學生希望每天來上學都能獲得成就感及交到朋友。他說每個人都有成就的動機，但是在學校中，只有少數學生能得到成就感。如果學校提供的課程能滿足學生的需求，讓學生每天都獲得成就感，他認為教材的難度不是問題，學生會樂於接受挑戰。他舉了一個例子說明為什麼一定要給學生所要的，他才學得進去。

有一家大型速食店請他幫忙提升奶昔的銷售量，公司在降低價錢、調整配方、增加口味等各方面都努力了，但是仍不見效，所以請他幫忙。

他發現早上來買奶昔的清一色是上班族，買完就走，不在店裡吃。原來這些都是長途開車的通勤族，剛起床時肚子不餓，等餓時，手要握駕駛盤又不方便吃，而且三明治或甜甜圈都會掉屑或弄髒手；奶昔可以慢慢吸，三不五時拿起來吸兩口，在單調的開車時是個調劑，奶昔也很有飽足感，不像咖啡，上兩次廁所又餓了，而且車上有放杯子的飲料架不會打翻。所以他就建議店家，早上的奶昔要濃，最好把機器推到櫃台前面，投幣就可以買，使趕時間的上班族不必浪費時間排隊；下午的奶昔要淡，分量要少，因為來買的是小朋友，肚子塞太飽，晚餐吃不下，媽媽要生氣的。速食店這樣做之後，奶昔生意果然好起來了。

他說做生意要成功需要知道顧客要什麼，教育要成功也需要知道學生要什麼。**既然學生想要有成就感，那麼學校課程的設計就必須多元化，讓學生有機會達到他的成就**

感。只有顧客想買，物品才賣得出去，只有學生想學，知識才進得來。

現在社會變遷快速，學生出社會所要用到的知識還沒有發明，在現階段，孩子只要學好基本功，有搭鷹架的能力，將來能去學新的東西就行了。父母不必擔心十二年國教，因為說不定每個人都在做志工，志工證就無價值了。兒孫自有兒孫福，不必漏夜替孩子排不必要的隊。

10 環境會深深改變大腦

朋友從非洲來，告訴我他深信人性本善。老虎獅子吃飽了，即使羚羊從面前走過，也不會去追殺，他更不曾看過動物故意凌虐別的動物。他拿著刊登明星大學博士製毒、碩士生縱火的報紙來問我：為什麼善良的嬰兒在文明的社會中長大，接受高等教育後，會做出這種反社會的行為來？

這是一個很好的問題，目前並沒有答案，但是已知**環境的確會改變大腦，而且可以深入到基因的層次**。二〇〇九年，加拿大麥吉爾大學的研究者將自殺者的大腦，依其幼年有無受虐，分別檢視下視丘中糖皮質素的受體，結果發現幼年的受虐經驗會改變該受體基因的表現，使這個人無法對壓力做出適當的反應。

更有研究顯示童年受虐者不只是容易有精神方面的疾病，也比其他人容易得肥胖症、心血管疾病和自體免疫系統的疾病。思覺失調症有基因上的關係：同卵雙胞胎，一個有，另一個也有的機率是六五％。但是貧民窟的發生率較高，這是環境的引發（trigger），因為貧賤夫妻百事哀，夫妻為錢吵架時，孩子就成了出氣筒，童年無由來的打罵會造成孩子大腦永久性的改變。

美國威斯康辛大學做了一個很仔細的研究，他們從一個長期的追蹤研究中找出五十七名平均年齡十八歲的青少年，其中二十八名是女性。這些孩子都有完整的成長紀錄，例如母親在懷孕時及生產後一個月、四個月和十二個月時的情緒狀態，因為母親情緒的緊張會產生可體松，這對孩子的大腦發展不利。實驗者更在孩子四歲半時，收取了他們的唾液看孩子的可體松濃度；當他們十八歲，做核磁共振掃描後，實驗者再收集他們的唾液，並要他們填寫問卷，測量他們焦慮、憂鬱、攻擊性和反社會行為等等，最後再測量他們目前生活的壓力，問他們跟朋友和家人的關係，父母有沒有離婚、家庭經濟有沒有問題、家中有無人生病或死亡等等。

這些詳細蒐集來的資料與腦造影的資料相比對後發現，幼年生活壓力會改變大腦中掌管理智和協調的腹內側前額葉皮質，與掌管情緒的杏仁核的神經連接。可體松是一種壓力荷爾蒙，它會影響下視丘—腦下垂體—腎上腺軸（hypothalamus-pituitary-adrenal axis, HPA axis）這條調節緊張情緒神經迴路的活化。**童年期高濃度的可體松，會減損孩子情緒調控的能力**，使他們在社交上成為不受歡迎的孩子，交不到朋友，這種被排斥和孤立的感覺與後來的焦慮症和憂鬱症有關，對女生的影響更是嚴重，造成後來生理和心理的傷害。

父母把孩子帶到這個世界來是有責任的，不可以生而不養、養而不教。孩子都需要被愛、被保護。所謂受虐不僅是肉體上的打罵，語言上的羞辱傷害更大。大人若是喜怒無常，沒有一種固定的教養方式，今天這個行為受獎，明天同樣的行為則受罰，會造成孩子無所適從而產生焦慮感。這個不安全感會反應在可體松上，而可體松的濃度又會回過頭來改變 HPA 軸的運作，變成惡性循環，改變大腦。

生養孩子是件嚴肅的事，父母若不善盡自己的責任會對社會造成危害，保護孩子安全的成長是每個文明社會人的責任。在法律提供了法源後，我們要有見義勇為的精神去通報政府機構，讓所有的幼都能有所長，使他們壯能有所用，我們才能老有所終。

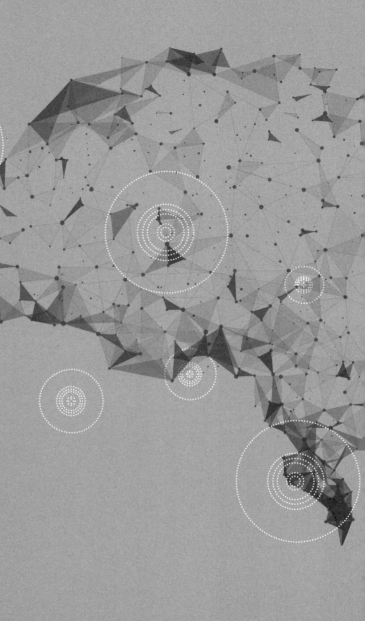

第五篇

體驗反思【Experience】

1 閱讀可以提升一個人的境界

家族祭拜時，姪女很憂心的來跟我說，她兒子有能力讀書，卻不肯好好讀，每次段考若有獎勵，就可以考一百分，若沒有，就只有七、八十分。罵他，孩子嬉皮笑臉的四兩撥千斤說，他以後一定會找到很好的工作，一定會送她去環遊世界……，她不知該怎麼辦才好，請我幫忙。

這孩子從小有自己的想法，好奇心也很強，跟孔子入太廟一樣，每事問，而且是打破砂鍋問到底，一直到他滿意了為止。所以他小時候很不容易「托嬰」，別人受不了他的問。我曾跟姪女說，不能用傳統的方式教養他，但是她顯然還是跳脫不出分數的窠臼。受人之託要忠人之事，我便叫他上來幫忙收祭品，順便聊聊最近上學的情形。

他說他很高興這次新冠肺炎疫情不但延遲開學，還使他在家裡看了很多他喜歡的書；至於考試，他說考個八十分就夠了，不必為剩下的二十分去浪費時間多背。分數並不能測出任何人的實力，全在老師出題目的難易，甲校的一百分可能還達不到乙校的五十分。

他反過頭來，求我開導他母親不要在乎分數，他說知道自己在做什麼，目前檯面上的人物沒幾個是功課好的，分數好不能換飯吃，實力才能。奇美的許文龍求學時就只求六十分，把剩下的時間拿去學別的東西，反正提親時，媒人只會報他是哪個學校畢業的，不會講他是第幾名、考多少分。

他對台灣的分數主義嗤之以鼻，說現在世界的潮流講究的是科際整合，像台灣這種單科教學，學生畢業出來會沒飯吃。他因無法改變台灣的制度，只好自己去想辦法擴充知識。他說以後的大學不怕沒學生，因為知識更新得太快，職場的人必須不停回學校去學新的東西，像現在的抖音，幾年前根本不存在，不學新的就會被淘汰掉。

我看著穿高中制服的他，很驚訝他的看法竟跟耶魯大學哈斯金實驗室主任一樣。

我問他，你想在家自學嗎？他說不想，因為他喜歡現在班上的同學，想跟他們一起走過青春，同時他不想因沒有朋友而被霸凌。我問他，怎麼知道會被霸凌？他說所有動物行為的書都這麼說——在弱肉強食的世界不可落單，成群結伴才安全。人不但是動物，還是很會嫉妒的動物，所以更要小心。人脈是成功的要件，不是分數。

我聽到後頭，有點不相信他是高一生而不是大一生。**閱讀顯然可以提升一個人的境界，啟發一個人的思想**，看起來多讀課外書真的有用。

我下樓跟他母親說，不要擔心，你有個很會替自己打算的孩子。**在二十一世紀，分數不重要，跨領域的知識才重要，不要再用分數去苛責孩子**，他現在所遨遊的天地已經不是三十年前你讀書時的天地了。我同時也勸她要多看書，不然將來跟孩子會沒有話講。

2 讓孩子及早體驗生活

自從報上曾有讀者投書說：他的孩子從夏令營回來以後變乖了很多，會幫忙做家事後，很多家長打電話來問，哪裡有好的夏令營，可以替孩子報名參加？

我很高興父母終於看到了要改變孩子的行為，必須從心中的認同做起，**只有從實踐中去體驗，從體驗中產生感動，有感動才能內化成行為的準則**，他才會自動去做。

外國人在講品德教育時，常講五個E：Example（典範學習）、Explanation（啟發思辨）、Exhortation（勸勉激勵）、Environment（環境形塑）和Experience（體驗反思）。這五個當然都很重要，但是我認為最重要的是最後的「體驗」，其他四個都有「知而不行」功虧一簣的可能性，只有最後一個E會使孩子感同身受，從心中認同。只要他有感覺，效果就不一樣，而且很多時候，這個感受會跟著他一輩子，徹底改變他（編按：教育部再加上Expectation正向期許，成為六個E。）

我孩子剛從美國回來時，人生地不熟，國語也講不好，交不到朋友，很寂寞。有一天，他放學回家，很興奮的跟我說：「媽媽，明天是不是星期六？下午是不是不上課？

我同學說下午不上課時，他要帶我去他家採芒果。」我很高興他終於交到朋友，替他準備了巧克力糖作伴手禮，又教他去人家家作客的禮儀。

星期六中午一放學，他立刻飛奔回家，換下制服，穿上我替他準備的長袖長褲（嘉義的小黑蚊非常厲害），又把他全身都噴滿防蚊液，戴上帽子，揹上水壺，全副武裝的到學校去等他同學。我們一直等到日落西山，那位同學都沒有出現。那時沒有手機，孩子也不知道同學家的電話，學校淨空，連問的人都沒有，只好帶著哭哭啼啼的兒子回家。星期一，我去學校問清楚（我怕是我孩子國語不好聽錯了），想不到那位同學竟然說，他只是隨便說說，後來家裡有親戚來，他就忘記了。

我不能去責備別人的孩子，但可以教我的孩子守信的重要性。所以我就告訴他，別人會因為他一句話而期待，甚至改變原有的行程來配合，因此，不可以隨便承諾，話說出來，就要做到。若是對方毀約，那是對方的錯，至少自己的良心無愧。我記得那時，把記憶中所有誠信的例子都搬出來講光了，因為只有講故事才能止住孩子的眼淚。

事過多年，兒子大學畢業了，搬家時，我在他畢業紀念冊上看到一名同學的留言：「你是我所見過最講信用的人，當你答應了，我便不需要再打電話確認。你或許不知道你有這個美德，但是相信我，它會使你在事業上升遷很快。」我不知道這名早熟的同學是誰，但是我知道我孩子沒有忘掉那天下午被放鴿子的痛苦，他也變得非常守時（後來，我替他買了一只手錶，因為我不能忍受他一直問「媽，現在幾點了？」）

讓孩子及早體驗生活是對的，有體驗才有感動，有感動才可能內化成他的品德，「己所不欲，勿施於人」，過了三千年，到現在還是處世最高的標準。

3 教學生實際用得到的東西

曾去替一場比賽做評審，發現台灣的孩子想像力豐富，創出很好的點子。冠軍隊的表現尤其好，主辦單位在頒完獎後問他們：為什麼別人都抱怨來不及，他們做完了還有時間修改、做得比別人完善？

原來他們三人是高中同學，他們的導師深切感覺到時間分配、生活紀律是學習的基本功，所以很注重課本以外的實用知識。老師要他們善用時間，每個禮拜五下午放學前做出這個週末的時間分配表，把一天分成三個時段，依自己的需求，把要做的功課填進去，如果上午做了數學，下午就換成準備工藝課材料，將動腦與動身體區隔開來。

當一切按計畫進行時，玩的時候就可以安心的玩，不必擔心功課還未做而玩得不盡興。他們三年來養成了很好的時間管理能力。

因為出了社會以後要靠朋友，加上現在又是個科際整合的社會，講求團隊合作，所以老師把班上工作分成小組，要他們學習合作。而且每個人都要輪流做班上的幹部，因為事非經過不知難，批評別人很容易，但是等到自己做時，不見得做得比別人好，所謂的「見人挑擔不吃力」，所以老師一直強調合作時的給與取。

這次在決定參賽後，他們一如以往，先把所有的工作列出來，再依自己長處認養工作，然後每週聚會討論並確定進度。因此能在寒假時把所有工作做完，留下一週反覆練習上台報告的內容與台風，最後拿到了第一名。

他們的話讓我非常感動。王爾德（Oscar Wilde）說：「**真正的學校應該是街頭。**」我們要教學生實際用得到的東西，老師也不必用甜的分數討好學生，只要讓學生學到東西，學生自然會記得老師。大園空難時，一位研究生向我請假去參加公祭，因為他看到國中的一位老師在罹難者名單中。他說這位老師很嚴，還會打人，但是這位老師奠下了他理化的基礎，讓他能有今天，所以他想去參加公祭。

韓愈說：「師者，所以傳道、授業、解惑也。」在如今的網際網路社會，學生自己可以上網找到很多的知識，老師的責任，說實在的，只剩下傳道了。我們應該盡量教他們做人做事的道理，天下的知識是教不完的，但是只要教會他讀書的方法和做事的態度，就像給了他開門的鑰匙，以後世界就是他的了。

求學本來就是「師父領進門，修行在個人」，只是這個**「領進門」不是靠不停的考試，而是靠他從生活中去體驗**。當我們的孩子可以分辨出單獨（alone）與孤獨（lonely）

的差異，可以一個人獨處而不寂寞，不需要一回家就立刻打開電視來避免孤獨感時，教育就成功了。

但願台灣的每個人都能看到我們教育的真正目的。

4 一位鄉下牧師的臨床實驗

一名國中生寫信向我道謝，他母親在學校的親子座談中，聽到我說創造力與閱讀有關，暑假叫他看了十五本書，讓他賺了一千五百元。他說，他在看書時也很努力思考如何把書中的知識轉化成創意，但沒有成功，他問該怎麼做才對？

相信很多為了創意而去閱讀的孩子都有這個問題。很不幸的是，**知識需先內化，與原來背景知識的網掛上鉤後，才能發揮作用**，無法今天看了一本書，明天創造力就出來。

閱讀能影響創造力，主要是在閱讀時每一個字都會激發跟它有關的聯結字，那個字又會激發與它有關的聯結字，就像骨牌反應一樣，一個活化另一個，直到兩個不相干的迴路碰在一起，活化第三條迴路時，就突然靈光一閃，「啊哈，我看到了」，新的點子就出來了。所以**閱讀的好處是透過觸發作用，增加神經連接的密度，使它有機會去碰觸到本來碰不到的神經元**。

一七五八年夏天，英國的史東（Edward Stone）牧師因為室內太熱，便拿了一本書到河邊的白柳樹下閱讀。他隨手剝了一小塊樹皮放在嘴裡嚼（這不是很好的習慣，小朋友不可學，因為不衛生），發現樹皮很苦，苦得像金雞納霜一樣，他突然想到秘魯高原的印地安人就是用金雞納樹的樹皮治瘧疾和抽筋。他想：是否苦的東西都能治病呢？白柳樹喜歡長在陰濕的地方，說不定可以治風濕痛。他就把樹皮剝下磨成粉，給有風濕痛的教友吃，發現居然有效（現在知道樹皮提煉出來的水楊酸有止痛、退燒和消炎的作用）。

最令人驚訝的是他很有科學精神，有系統的給五十名病人每四小時服一次藥，從小量開始再慢慢增加劑量，等確定有效了，才寫信給英國皇家學會，阿司匹靈就這樣發明出來了。

你可能會想：一個鄉下的牧師怎麼懂得臨床實驗？這是因為他受過良好的通識教育。他念牛津大學時，修了很多哲學和神學的課，科學的思辨來自哲學，哲學的邏輯訓練使他的思考比一般人更周延。

如果創意來自靈機一動，那麼怎樣才能靈機一動呢？這就回歸到閱讀的神經機制了，**寬廣的背景知識使你的大腦神經網路很綿密，很容易被看起來不相干的事觸發**。史東牧師從苦味中聯想到金雞納霜，他知道金雞納霜是從樹皮中提煉出來的，又知道存活在某些生態中的植物常會有對抗這種特殊環境的能力，而植物可以入藥（中國南方瘴厲之氣重的地方都會長辣椒，因為辣椒素可以除瘴氣）。如果史東牧師不知道金雞納霜是苦的，他可能馬上把嘴裡的樹皮吐掉，阿司匹靈就不可能被提煉出來。

所以閱讀和創造力關係密切，它幫助我們觸類旁通、舉一反三。閱讀也培養我們的品格，使我們效法古人，鍥而不捨的實踐我們的想法。

5 英語胎教的迷思

有一期的《親子天下》封面故事為「聽出英語力」，這是現在台灣父母最關心的一個議題，相信很多父母都覺得受益良多。但是在基礎篇，四大黃金原則中，有一點不是很正確，值得商榷，就是胎兒不可能在母親肚子裡學英文，**在媽媽肚子裡的寶寶不可能「透過聽來學習語言」**，因為空氣的傳音與水的傳音不同，在水中聽不清楚英文的「音素」（phoneme，一個語言最小的發音單位）。準媽媽不要因此而去報名英文補習班，上一些自己不喜歡的課，把自己弄得疲憊又心情煩躁，這反而會使腎上腺素上升，使胎盤血液變少，對胎兒大腦發育不利。

聽覺的確是人類五種感官中最早成熟、最晚離開的一個。實驗得知七個月大的胎兒就聽得見，但是胎兒只能聽到句調（intonation），聽不見語音中的細節，如 pin 和 bin 是兩個不同的英文字，但是在水中 p 和 b 的差別是聽不出來的，家長可以自己把頭埋在水盆裡，請別人跟你說話，就曉得了。

坊間所根據的實驗是法國的心理學家梅勒（Jacques Mehler）做的，他給出生四個小時的法國嬰兒聽法文錄音帶和俄文錄音帶，結果發現嬰兒喜歡聽法文錄音帶，但他知道胎兒是泡在羊水裡，不可能聽得出音素之間的差別，這只有兩個可能性，一是媽媽的聲音，另一是法文的句調，因為兩者都是嬰兒熟悉的東西，他會喜歡。他便做實驗二，把同樣的錄音帶倒著放，這時，仍然是媽媽的聲音，但是句調改變了，嬰兒就不喜歡聽了。也就是說，如果是母親的聲音和陌生女人的聲音，嬰兒會喜歡母親的聲音，但如果同樣是母親的聲音，那麼嬰兒喜歡聽熟悉的句調。日本人只有看實驗一，沒有看實驗二，便去鼓吹英文胎教，這是不對的。

大腦喜歡熟悉的東西。是因為熟悉的東西動用的資源比較少，大腦是我們整個身體中動用資源最多的一個器官，用到它本身重量十倍的能源。大腦喜歡熟悉的東西也與演化有關，因為熟悉的東西通常不會害我們。

這個胎教的迷思很難打破，因為背後有龐大的商業利益。過去，日本人井深大曾在台灣的報紙大做廣告，叫母親挺個大肚子去上思考、記憶的課。這是不對的，沒有任何實驗證據說七個月大的胎兒會思考、有記憶，只知道他們聽得見也會作夢而已。

台灣教第二語言的方法很無效，的確需要改進，與其硬背生字，不如多看英文小說，當一個字在書中重複出現時，它就變成熟字，就可從文章脈絡中猜出它的意思來，這樣的學英文方法比較有趣，也比較有效。背生字容易忘，是因為它只有一個提取線索，但是在不同的文章情境中看到它時，它有很多的提取線索，回憶（recall）其實就是提取線索的競爭，線索越多，提取越易。

學習最重要是不要把它變作勞役，當它是苦工時，送再貴的補習班也學不好。

6 讓學習和經驗掛上鉤

香港為了和世界其他國家學制接軌，把原來四年的高中改成三年，原來三年的大學改成四年。他們趁改革時，重新思考課程的安排，把教育重心放在人的品格培養上，並把通識課程盡量放到高中，等做人的基本品格打好根基後，再來教專業。

香港是以「學會學習」（learning to learn）為教育改革的主軸：把學習性質從「吸收知識」轉變為「學習經歷」，從「教什麼」轉變為「學什麼」，從「個人學習」過渡到「群體學習」，所以他們提出了「終身學習」（learning through life）及「從經驗中學習」（learning through experience）兩個改革重點。

從大腦的實驗可知道，**經驗是促使神經連接最好的方法，實際動手做所得到的知識量遠大於被動用眼睛看**，因為動手做是三度空間，而讀課本是二度，它們在大腦活化的區域和程度都有不同。尤其從定義來說，經驗必定來自生活，杜威說「生活即教育，教育即生活」，只要與生活掛得上鉤，能夠學以致用，學生都會學得很快。抽象的概念若能用生活的經驗解釋，學生會更明瞭，因為他原來的生活已有一個知識網。新的知識若能與舊有的知識架構連接上，這個新知識很快就能被吸收進舊有組織中，成為孩子背景知識的一部分，他就學會了。

過去老師教四度空間很困難，學生不容易想像，但是假如我們它把舉例成約會，如約在敦化南路和仁愛路交口的誠品見面（很可惜這個常被人用的約會點關掉了），這是二度空間。我們再約在誠品的三樓，這時是點、線、高，三度了。如果再約下午兩點半，把時間放入，那麼這時是個四度空間的約會資料，它就非常準確，一定不會見不到面。透過學生已有的經驗，他也就了解什麼是四維了。所以透過生活的例子，讓學習和經驗掛上鉤，學習的效果最好。

我們過去的學習流於形式，沒有注意實作，所以學西方的「德先生」與「賽先生」只有學到皮毛。我們說要迎頭趕上，因此別人有什麼我們也要有什麼，但是我們趕上的是外表，沒有學到裡面的人文素養，所以別人有汽車，我們也有；別人有高速公路，我們也有。但是我們沒有行車的規矩，也沒有駕駛的禮儀，所以車子不讓行人，違規停車還敢跟警察嗆聲說：「來開罰單呀！我不怕，我有的是錢。」

凡是民主先進國家有的，我們都有了，但是背後的精神我們沒有。這很像早期我教過的一名自閉症孩子，他可以模仿，動作也可以做到完全正確，但是在社交場合仍然被人看成白目，因為他不了解動作背後的精神。

從經驗中學習是最有效的學習方式，不可省略。**能應用到實務上的知識才是真正的知識，「識」而不能「事」是沒有用的！**

7 陪孩子一同自己動手做

一位媽媽來信說她念小四的兒子在超商偷玩具時被抓到，因為是初犯，所以超商沒有報警。她領回家後，氣到胃痛，孩子說他很想要那部汽車，但是沒有錢買，所以用偷的。孩子已嚇到發抖，所以她打不下手，但問該怎麼辦？

相信這種想要又沒有錢買的問題很多父母都遇過，我們小時候我母親也有，她用的法子是鼓勵我們自己動手做。她總是告訴我們，外面買的東西每個都一樣，沒什麼好，自己做的才是獨一無二、最稀奇的。

大約是我小學四年級時，班上有位同學帶了個洋娃娃來學校，在民國四十幾年時，外國貨叫舶來品，因為是船運進來的，賣舶來品的店叫委託行，委託行裡面的東西我們連看都不必看，因為買不起。那位同學的洋娃娃是舶來品，當年真的是非常稀奇。

我回家後向母親形容這個洋娃娃有多好，但不敢說我想要，因為知道家裡買不起。我母親便叫我畫給她看，畫著畫著，我從畫中也找到很多樂趣。但是畫餅充飢，餅畫得再好也抵不上真的，心中還是很想要。

有一天，母親帶我去後火車站買了一個娃娃的頭，回家替我做了一個洋娃娃，還做了好幾套衣服，更有一件紗布做的蓬蓬裙。我帶到學校去時，立刻轟動全班，因為我的娃娃是可以換衣服的。我那天回家，不等母親開口，自動把全家的地板擦乾淨，因為心中實在太感激母親了。後來我想要什麼玩具時，母親便叫我們自己動手做，因為她已讓我們了解並沒有那麼難，我因此學會了做清明節時的風箏、元宵節時的燈籠，可以說比陶侃還會廢物利用。

我從做中學會了很多生活上的技能，又因為現學現用，學得非常起勁。後來發現動手做東西是舒壓的好方法，在寫博士論文時，心情非常鬱悶，我便用鉤針鉤了一條床罩。現在知道例行的動作可以壓抑大腦中杏仁核的活化，使心情好起來，而動手做完有成品出來，成就感更是使心情好的一個因素。

當我兒子五歲時，有一天鄰居孩子在騎竹馬，他也想要。我便放下手邊的事，叫他列出做竹馬要用到的東西，跟他在家中找替代品。我們把掃把柄鋸短，用枕頭套做成馬頭，用毛線縫上馬鬃，又讓他從我的縫紉盒中挑出兩顆大鈕釦做眼睛，幫他做了一匹馬。他騎出去時，驕傲非凡，因為它是獨一無二，店裡買不到的。我發現母親教我的這個方法非常好，不但有跟別人不同的玩具，還讓我知道凡事不求人，自己最可靠，自己做，總有一天做出來。

這位媽媽的孩子要部小汽車，其實自己動手做並不難，只要找到四個圓的輪子、一個鐵餅乾盒，再動點腦筋也就出來了。在做的過程中，它使孩子學會計畫，列出要用的東西，去找出替代品，這其實就是創意，**當孩子學會靠自己時，你也就替他奠下人生第一塊基石了**。

8 表達能力靠練習

現在的老師都有一種感覺，就是學生的表達能力不好，作報告時結結巴巴，不需要的語助詞太多，而真正的句子卻講不完整，即使是研究生也常詞不達意。但是在二十一世紀，資訊翻新得太快，**如果沒有快速吸取訊息的能力和正確表達訊息的能力，會被世界的潮流所拋下**。誰會要個不能讀又不能說的員工呢？

既然教育是為學生出社會作準備，我決定某學期不用書面報告，直接請學生上台講，因為只有真正懂，嘴巴才講得出來。除了圖表，不准用投影片，因為眼睛看字比嘴巴念快了三倍，既然我們都認得字，又何必學生念？結果效果很差，學生的報告是跳躍式的，邏輯不連貫，大家聽不懂。

我想原因之一可能是平日正式說話的練習不夠：我們總是說「小孩子有耳無口」，不喜歡孩子多話，加上大人忙，沒有時間聽孩子慢慢講，常常話講一半就被大人截斷說「我知道了」，所以從小就沒機會把一句話講完。在學校上課，也是聽得多、講得少。久而久之，就不會講完整的句子了。尤其現在孩子回家看電視都是被動的聽，不像我們小時候沒有電視，主動說話的機會比較多，沒有練習，表達的能力就退步了。這是個警訊，在講求有效溝通的現在，不能正確表達意思，怎麼做貿易呢？

另一個退步的能力是組織能力，因為電腦剪貼太容易，連編輯都用這種方式編書。我曾在一本書中看到兩段重複的段落，前後差不到兩頁。用剪貼，大腦便不去想文章脈絡的起承轉合，拼湊的東西本來就沒有邏輯，加上沒有組織，便抓不住重點，所以一開始時講得很詳細，到後來時間不夠了便草草結束。這種虎頭蛇尾、廢話一堆重點卻不到三句的報告方式，立刻暴露出缺乏整體概念的短處。

在表達上最致命的地方是不知什麼該講、什麼不該講，就是俚語的「白目」。這個現象現在相當普遍，就連政府閣員都分不清這個界線，他不懂在做老百姓時，可以上臉書隨意發表意見，入閣做了官，說話就代表政府，就不可隨便發表「個人的看法」。這種分寸的拿捏在台灣很缺乏，常看到語出驚人的政務官隨意說出「不景氣像流感會拖很長的時間，美國花了二十年才復甦」、「會死得很慘」這種打擊民心的話，讓投資者不知是該回鄉投資還是及早撤離。

其實這些是可以改進的。我曾在一所偏遠小學每週一天請小朋友上司令台講故事，一學期下來表達能力進步很多；作文則是訓練孩子組織能力的好方法，在有限的字數內，把一個主題講清楚。至於說話得當則要靠廣泛閱讀，增加同理心的感受，知道同樣一句話，在不同的情境、不同的心情聽起來會有不同的解釋。

人是社會的動物，天天要與人接觸，這個基本的溝通能力是一定要訓練好的。

9 用經驗培養執行力

我們常把讀書的能力和做事的能力混為一談，認為書讀不好就沒有出息，其實這兩種能力在本質上有很大的差別。

讀書識字有先天上的條件，有一種人很聰明卻識字很慢，甚至不能辨識字，閱讀時眼睛會跳行，也有寫字上的困難，這是失讀症（dyslexia）：他們在染色體一、二、三、六、十五、十八上有缺陷，政治家邱吉爾、李光耀皆為此症所苦，但都不損其偉大。其他神經上的疾病如妥瑞氏症（Tourette Syndrome），也有閱讀困難，但也都不妨礙患者成就一番事業。所以對於讀書慢、開竅晚的孩子我們動不動罵他笨、是豬，是非常不對的，這兩種能力不能畫上等號。

台灣內閣成員學歷之高為世界之冠，但執行力之差也是有目共睹。教育的精神在使人類超越動物的本性，使天賦的能力得以發展，教育的做法每個國家因其財政情況或執政理念而有所不同，但此精神應該是放諸四海皆準的。

在學術上，已有無數論文在談 knowing how 和 knowing that 的差別，我們在此只問如何提升國民的執行力。我們必須區分出讀書能力（即考試）和獲得知識的能力（學習力），因為前者僅是評量後者的一種方式，不是唯一的方式，也不是最好的方式。**要有好的執行力，這個人必須知識很廣、見聞很多，同時他的知識必須是有組織的，使他能立即提取**。最主要是這個人需有預見未來的能力，而且能事先防範，未雨綢繆。

這個預見能力不需教，但須靠經驗促發。對動物來說，凡是性命交關的事一次就學會，其他的，只要眼睛看到，很自然也學會，因為模仿這個最原始的學習機制——鏡像神經元——已經在人和猴子的大腦中找到了。模仿的學習是有樣學樣，所以孟母要三遷，它本身是個內隱的學習，不需特別教，只要暴露在這個環境下自然會。保護色或擬態就是大自然演化來保命的，動物必須想辦法和環境一樣，才不會遭殃。

現在腦造影技術的精進已經逐漸解開基因和環境互動之謎，環境竟然可以改變基因的展現（express），令科學家非常震驚。科學家發現童年受虐會改變大腦中情緒調控的機制，使這孩子十五年後容易有焦慮症、憂鬱症，甚至反社會的行為，更令我們對孩子的教養不敢掉以輕心。

在研究上，我們清楚看到**父母對孩子的態度決定他的命運，也看到大人觀念的改變是孩子成功的起點**。大人需把考試能力和做事能力分開（其實考試題目出得好壞與成績很有關係），也需了解成長和開竅需要時間，更要知道知識和經驗不能畫上等號，二度空間和三度空間的學習在大腦上動用到的區域不同，經驗是促使神經連接最好的方法，所以教學應該盡量鼓勵學生動手做。

人生苦短，我們無法經驗到世界上所有的東西，但可以透過閱讀把別人的經驗內化為自己的。閱讀和經驗是培養執行力最好的方法，若再加上毅力，則攻無不克，事無不成。

10 好習慣護一生

很多父母不了解從小在家中養成孩子良好習慣的重要性。模仿是最原始的學習機制，習慣化是最簡單的學習行為，當一個刺激重複出現後，我們就會減少對它的反應，最後視而不見、聽而不聞。所以古人說「入鮑魚之肆，久而不聞其臭」。我們也常看到住在大城市的人，好不容易盼到去鄉下度假，但是晚上沒有了車馬喧囂聲，他反而睡不著。這就是大腦習慣了嘈雜，一旦沒有了車聲就不是平常而是異常，大腦就開始警覺起來（這是不自覺的神經行為），於是就睡不著了。

習慣化是一個很重要的機制，它使我們的大腦不必一直注意重複出現的東西，而把注意力轉移到新奇的、可能對我們生命有害的刺激上。所謂「習慣成自然」，這個習慣就是我們教導孩子紀律的第一步驟，家長不可小看它，**從小養成好習慣，一輩子受用不盡**。有道是「有紀律的孩子，成功了一半」。

雖說大腦的神經迴路可以改變，但是想改變一個既成的神經迴路要花很長的時間和很大的努力，而壞習慣的形成通常只要看一次或聽一次就學會了。有個實驗給受試者五分鐘看一張不容易辨識的圖片，一旦他看出來是什麼了，隔五年後把他請回實驗室，這張圖一放，他馬上看到。這表示神經迴路只要連起來了，可以五年沒有鬆開，父母就可以了解為什麼在孩子面前一舉一動都要正確的重要性了。我們說「有樣學樣」、「上梁不正下梁歪」，外國人說"Monkey see, monkey do."都是這個道理。

教孩子好習慣（也就是紀律）其實不難，它的關鍵在只能有一套教養規則，而且規則不能因人而異。父母一方所說的話，另一方不可當孩子的面否定，這會讓父或母在孩子面前失去尊嚴，變成說話不算話。許多父母說管教難，其實只要看能訓練動物做各種表演就知道孩子一定可以教，人絕對比動物聰明，人還可以用語言溝通，但是動物聽不懂人語，如果動物會，人沒有理由不會。

那麼動物是怎麼教的？這方式叫工具制約，當動物做出你想要的行為時就獎勵牠。一名專門訓練海豚跳火圈的訓練師說：「訓練動物不難——一套規則，一名訓練師。當牠做錯事時，我不理牠，因為罵牠也聽不懂；但是當牠做對時，我就給牠一條魚吃，牠下次看到我，就做出吃魚的行為來，我把這行為串起來，就是你們現在看到的表演。」

教孩子也是一樣，在三歲以前可以用同樣的方式教會孩子好習慣，只要他做對了，就把他抱起來親一下或稱讚一下，很多時候父母的擁抱稱讚比糖果餅乾還有效。物質獎勵帶來的愉悅感覺是短暫的，而且會成等比級數上升；但是精神上的獎勵可以維持很久，甚至改變孩子對學習的態度。三歲以後就可以慢慢的講道理了。

在學習理論上還有一個點很重要，就是每次做對一件事就給獎勵時，獎勵一消失，行為就消失；但是如果久久才給一次獎勵（例如三十％），那麼雖然學習上沒有像百分之百獎勵時那麼快，行為的效果卻更持久。學校的獎狀如果濫發，獎狀就不稀奇了。父母在教孩子時，一開始是用百分之百的獎勵方式，養成習慣後，只要久久增強一次就能使這行為一直出現。當習慣成自然後，這行為已變成他生活的一部分，父母不需再獎勵他也會一直做下去了。

我小時候，父親要我們寫日記，一方面是訓練我們的思考和表達方式，另一方面是他要知道我們白天做了些什麼事，有不對的要立即改正，錯誤的行為才不會變成壞習慣，以後不易改。所以我們六姊妹都是從小學一年級開始寫日記，寫了幾十年，早已成習慣不去想它了。

父親過世後三年，有一天，我在美國密西根大學的妹妹打電話來問：「姊，你還有沒有寫日記？」我說：「當然有呀！」她說：「你這個呆瓜，爸已經走了，不需要寫了。」我啞然失笑，因為我發現我寫日記已經不再是為父親寫了，是為我自己在做了。

當一種行為養成習慣後，它已經不再花你大腦的資源去想要不要做，它變成你生活的一部分，你很自然的就去做。我曾經搬了家，晚上做完實驗回家，很累時，一不小心就走回舊家去了。可見習慣的重要性，它使你在不知不覺中，做出原來的行為。

在孩子三歲懂事以前，做錯事不要打他，因為他不是故意的。人有失常，馬有失蹄，只要是人一定會犯錯，連法律上對過失犯錯都會減刑，不小心打破了碗，又何必一定要懲罰他呢？我小時候看《西遊記》，看到沙僧以前是天上的捲簾大將，因為在蟠桃會上失手打破了一個玉盞，被玉帝打了八百大棍，貶下界來，還每七天木劍穿胸懲罰他。看得我對天庭非常恐懼，心想連失手打破個盞都要罰得這麼重，這種天堂我是不要去的。

後來到了美國留學，住在一位教授家，替他看小孩換吃住的報酬。我看到他的小孩打破了杯子，一點害怕的表情也沒有，他母親拿了掃帚來，一邊掃還一邊叫小孩小心，不要踩痛了腳。我才第一次感受到，美國人寬容之心是來自他們小時候被允許犯錯，所以長大後才能接受別人的過錯。

沒有人不犯錯，連顏習齋都說「聖人寡過」（他說「惡人無過，常人知過，賢人改過，聖人寡過」），表示即使是聖人，偶爾也會犯錯，所以孔子說「知錯能改，善莫大焉」。父母若能用諄諄善誘的方式，教好孩子生活的習慣、做人的道理、談吐的禮儀，怎麼需要擔心他長大會輸人家呢？孩子只要有學習的能力、有良好的品德，走到哪裡都會有飯吃的。反而是父母忙事業，把孩子交給保母帶，俗語說「沒有人會洗租來的車」，保母不會像自己的父母用心教，一旦壞習慣養成，就後悔莫及了。

教養孩子是父母的責任，而且責無旁貸，因為家是最早的學習場所，父母是最初的老師。

第六篇

正向期許【Expectation】

1 聚沙成塔的力量

朋友念高一的兒子早上不肯起床，總要拖到校車走掉才要起來。她若不開車送孩子去學校，孩子搭捷運轉公車去上學就會趕不上第一節課；她若開車送，自己就會遲到，這令她非常的苦惱。她跟孩子懇談時，發現孩子根本不在乎遲到，因為現在學校的一些生活規範都拿掉了，老師幾乎不能管孩子，他們有教育部做護身符，以前記過太多會變成留校察看，不能畢業，現在也不會了。她最氣的是孩子的態度：「少上一節課又不會怎麼樣」。

她知道她已經錯過了管教的黃金時間，孩子在小時候一定要管教，沒有外在的限制，內在的控制也不會產生。自由是有條件的，能負責任才可給自由。無奈木已成舟，只好來請我幫忙。

但是怎麼幫呢？現在的孩子肯受教嗎？我非常躊躇，突然想起以前我父親用的方法，說不定可以試一試。

我小時候沒有零用錢，但是考第一名時，我外公會從我媽媽孝敬他的生活費中，抽一張五角的鈔票賞給我。民國四十年代，五毛錢可以買很多糖果。我父親看到了，便教我用錢的原則。

他說閩南人因為地狹人稠，都要離鄉背井去海外討生活。做生意第一要有本錢，這本錢怎麼來呢？他說，求人不如求己，求財不如勤儉，所以錢只能用錢尾，不可用錢頭。比如說九十二元，九十元就是錢頭，二元是錢尾，錢頭要存起來滾錢，錢尾才可以拿出來用。

我不懂什麼叫「錢滾錢」，父親便撕一張日曆下來，叫我在反面，用連乘法1.01×1.01=1.0201，再乘1.01=1.030301，再乘等於1.040604，再乘就是1.0510，一直下去，乘到365次時是37.8元。

我其實才乘五次就感到驚嚇了，原來這一分錢滾一滾，竟然可以滾成五分錢，每天省一分，最後就有這麼多的錢出來！父親說這叫聚沙成塔、集腋成裘，九層之台起於累土，千里之行始於足下，南洋富商陳嘉庚就是這樣起家的。這個震撼令我到現在都沒有忘記，但是現在的孩子不曾匱乏過，地上有十元銅板他們都不屑彎腰去撿起來。因為他們不知道不管多微小，只要持之以恆，蟻穴可以潰堤，所以我決定從這裡入手來教。

我知道要改變一個人必須先找出能讓他感動的事情來，於是我請他來喝奶茶，順便給他一個計算機，請他算 0.99×0.99×0.99……，一直乘到 365 次方。一開始他不肯做，覺得無意義，在我的堅持下，他才勉強開始算。果然，才幾次，他就發現少得很快，最後發現答案是 0.03 時，震驚得說不出話來。他沒有想到每天退步一點，一年後就退步到近乎零。

我跟他說，每天少上一節課，現在看起來好像沒有少學到什麼，但是長此以往，你就退步到被社會所淘汰。人不可以原地踏步，因為你不長進，別人就追過你，但是只要每天進步一點，一年後你會認不得你自己。

我勸他孝順就是不讓父母操心，早一點起床讓你母親放心，也養成好的紀律。**年輕時不流的汗，年老時會變眼淚流出**。他沒作聲，喝完奶茶離開。

後來他母親打電話來說，這一個禮拜他都有趕上校車。

2 莫忘初衷，永不妥協

又到了畢業季節，幾名學生穿著學士袍，興高采烈的來找我照相。有一個打開了她的畢業紀念冊，要我在上面寫幾句「人生座右銘」。我很高興，也很躊躇，因為人生經驗能傳下去當然很高興，但人生經驗又豈是短短幾個字寫得完的？想了一下後，我寫上「莫忘初衷，永不妥協」。

人出社會後，很容易被社會上的形形色色所迷惑，失去自我。通常要等五十歲回頭看時，才猛然發現這條路不是自己要走的。年輕時立志，沒有金錢和利害關係的考慮，也因為如此，**初衷最可貴，它代表著你對自己的期許和你人生的目的**。

至於不妥協就更重要了。人生有很多時候會因循苟且，心想「就此一次，下不為例」，但人是慣性的動物，有一就有二，到最後發現時，已深陷其中不可自拔了。每次看到報導「受刑人就這樣一步一步走上不歸路時……」就很惋惜，這不歸路就是一個個「下不為例」累積而成的。哈佛大學商學院一位教授，有一次在上課時講了一個他自己的例子。

他年輕時熱中籃球，是學校的籃球校隊，每天眼睛一張開就是練球，決心要拚進美國大學籃球賽（NCAA）冠軍賽。果然皇天不負苦心人，他們最後打進了全國賽的前四強，就等著決賽拿冠軍了。這時，他突然發現決賽日是星期日，在他的宗教中，安息日是不能做事，遑論打球。他立刻陷入兩難：他是校隊的中鋒，比賽不可能沒有他，後補中鋒又因受傷無法上場，拚命練了這麼久的球就是為了這一場，養兵千日，用在一時，他不上場比賽，隊友一定不會原諒他。但是安息日是他對上帝的承諾，他真的不知該怎麼選擇才好。

他的教練和隊友每一個人都來勸他：「上帝一定會原諒你，你一生有好幾千個禮拜天，這只是其中的一個而已，為我們大家破一次例吧！沒有關係的。」但他最後還是選擇不參加比賽，因為他覺得承諾比輸贏重要（幸好球隊沒有他也贏了）。

所以他說百分之百的堅持比百分之九十八的堅持容易，因為堅持就像築牆，一旦有一個牆角塌了，整面牆很快就塌了。因此，信守諾言不妥協，不要給你的人生崩盤的機會，是人生的至理名言。

現在社會價值觀混亂，嚴重影響家庭功能，因父母失和而影響孩子學業的例子比比皆是。父母失和一個很大的原因是有一方不能信守婚姻承諾，破壞了自己的婚姻也斷送了孩子的前途。

「莫忘初衷」是人生一定要有比滿足口腹之欲更崇高偉大的目標，才會活得有意義；「永不妥協」是堅持原則，不要貪圖一時之便，自毀長城。我們在這世上只走一遭，莫因意志力不堅強而辜負了大好人生。

3 現在做的事會決定未來的人生

開學了，校園又活了起來，幾名暑假打工的學生來到我辦公室問台勞的定義，因為有兩名同學去澳洲打工，回來被同學嘲笑是台勞。

其實工作就是用勞力、心力換取生活的方式，如果以做工為職業，那就是台勞；如果以做工為手段，開學了，回校去讀書，那就是打工，差別在心態上。任何工作都有可取的地方，就算是搬沙包，也鍛鍊了筋骨，主要看你是否能從工作中學到有用的經驗。這個經驗不必是馬上用得到的，賈伯斯去上藝術字體課時，並不知道有一天會用在蘋果電腦上，重點是要學到東西。

不論是打工還是就業，都得遵循一些工作的原則，就是投資家蒙格說的：(1)不兜售你自己不會買的東西，(2)不為你不敬佩的人工作，(3)只和你喜歡的人共事。這三個原則很簡單，但是缺一就不可能成功：不兜售自己不會買的東西，這是誠信，有誠信，生意才會久遠；和敬佩的人做事才能學到他成功之道；跟你喜歡的人共事，你會活得很長，因為心情直接影響健康，每天與討厭的人一起做事，你會短命。在實驗上已經很清楚的看到，心情的鬱悶會壓抑免疫系統，長期的鬱悶對精神健康有害。所以只要守著蒙格的三個原則，每天起床時，努力使自己變得比昨天更聰明一點，你一定會成功。

職業無貴賤，貴賤在你的心頭，找出工作的意義便不低賤。我去美國念書時，只拿到免學費的獎學金，所以必須幫人帶小孩，每週工作二十小時來換吃住。替人帶小孩，那絕對是台勞，但是那時心中想的是趕快讀完書拿到學位，出來做事賺錢，減輕父母的負擔。

所以只要心中有目標，何必怕別人說？屠夫又怎樣？難道它不是正當的工作？每個行業都有它的竅門，學到了，都是隨身之技，孔子不也說「吾少也賤，故多能鄙事」嗎？

我問他們出去這兩個月，學到了什麼東西？一名學生馬上說：「老師，我發現我不再為過去生氣了，我現在只害怕我沒有未來。」原來他一直很怨恨他父親外遇，丟下他們母子三人不管。他去到國外，看到了寬廣的世界，在一望無際的大草原住了兩個月，就覺得父親的無情、母親的懦弱、妹妹的愛玩都不重要了。

另一名說，跟他一起打工的馬來西亞學生告訴他：二十歲時做的事是三十歲的基礎，他聽了很受用，開始想他三十歲以後要做什麼。他說他過去暑假都在家睡覺、上網、找朋友，玩的時候很痛快，玩完了卻很空虛；反而是這次去流汗賺錢，覺得自己像個大人。坐在角落一名很靦腆的學生微笑地說：「老師，你上學期說，現在做的事會決定未來的人生，因為大腦一直不停在改變，我體驗到這句話了。」

望著他們黝黑健康的面孔，我很高興。自己不爭氣，才會怕變台勞，自己能自強，何必管別人說長道短。

4 真正的興趣是澆不熄的

自從「台北暗殺星」打敗南韓，拿下「英雄聯盟」世界電玩大賽的冠軍，贏得一百萬美元獎金後，台灣的父母一則以喜，一則以憂，喜的是打電玩居然可以贏大獎，憂的是以後更無法管教孩子了。

其實電玩不是完全不好，要看是什麼樣的遊戲、打多久。過去一直有研究發現電玩可以增加視覺辨識力、視覺掃描速度及注意力分配，甚至發現打電玩的孩子在智力測驗中，測量空間推理和類比能力的瑞文氏測驗上得分高。也有研究發現它能增進先天性白內障弱視者的視力，有七名弱視者經過四十小時的電玩遊戲訓練後，視力有顯著的改善。

這是個驚人的發現，因為一般認為視神經在分化完成後無法改變。哈佛大學的胡伯爾（D. H. Hubel）和威舍（T. N. Wiesel）在一九八一年因這方面的研究拿到諾貝爾獎：他們把剛出生的小貓眼睛縫起來，等三個月視神經發育完成後拆線，發現小貓的視覺皮質因在發育的關鍵期無刺激進來，牠變盲了。也有一名先天性白內障的女嬰，因家貧無力開刀，等到她兩歲家裡籌夠了錢去開刀時，手術很成功，孩子卻看不見了。

視覺在發育的關鍵期一定要有適當的刺激，才會正常的發展，把剛出生的小貓一隻眼睛縫起來，一週後，拆這隻眼睛的線，縫另一隻眼睛，這樣輪流縫了三個月，結果這隻貓無法抓老鼠，因為牠兩個隻眼睛不能同時看到一個東西，無法形成深度知覺。

但是前面的研究給了視障者信心，因為它的受試者都是成年人，照說已無法逆轉了，但是殘留的神經連接，在經過他們全神貫注練習射擊遊戲後，因體內腎上腺素大量分泌，促發了視覺神經的重新連接，視力就改善了。

人在緊急時常能做到平日做不到的事。漢朝名將李廣在晚上看到一隻猛虎，一箭射去，箭沒入石頭，等天明一看，原來是塊大石頭時，他再怎麼射也射不進石頭裡。「精誠所至，金石為開」，正是因為腎上腺素是緊張時分泌出來救命的神經傳導物質，它把身體內所有的能量一次爆發全部用來對付外在危機，因為在大自然裡，常沒有第二次的機會。因此**如何讓孩子在學習時能全神貫注，是教育者最要關心的事**。

真正的興趣是澆不熄的，一個很令人著迷的東西也是禁止不了的。既然電玩已經深入孩子的生活中趕不走了，我們應該改變觀念與它共生，想辦法借力使力，把孩子玩電玩的熱情引導到學習上。也就是說，**必須改變教學的方式，改被動為主動，激發出學習**

的熱情。其實電玩已經改變了傳統上「你說我聽」的教學方式，用電玩遊戲來幫助學習障礙的孩子已被證實有效。或許我們不要再把它看成洪水猛獸，而是利用它來訓練孩子的毅力和挫折忍受力。

我們大人同時也該檢討一下，為什麼號稱有過動的孩子，玩起電玩來能如此專注，一動都不動一下？是否我們的教材教法太枯燥了呢？

5 讓孩子贏在快樂的學習

每次去幼兒園或小學演講，發現我們的父母都非常焦慮，深怕自己做得不夠，會讓孩子輸在起跑點上。我一再舉證據讓家長看到孩子的大腦是一直不停的隨著外界環境改變而做出因應的改變，絕對沒有三歲定終身這回事。父母不必緊張，趕在幼兒期塞給他不能消化的東西，這對他大腦的發育反而有害。而且人的大腦用得多的神經迴路會變得比較大條，大腦處理它的皮質區塊也會變大，完全沒有輸在起跑點這回事。**孩子要有成就，必須有終身學習的態度，大腦會配合這些新的學習做出恰當的改變**，不論孩子是幾歲，人是可以終身學習的。

我給父母看盲人的大腦視覺皮質區本來沒有用到，因為視盲使視覺皮質沒有辦法接受到刺激。但是盲人在讀點字時，視覺皮質區卻活化了起來，幫助手指頭讀點字，表示大腦功能可以移轉，所以盲人點字可以讀得很快，而我們不行。

大腦功能是用進廢退，我給他們看德國醫科學生在準備醫生資格國家考試時，因拚命讀書，管記憶的海馬迴區會變大，考完試等待放榜時又縮回去，表示大腦區塊會因為用得多而變大，不用又變小。甚至舉了田鼠的例子，田鼠有兩種，一種住在丘陵，一種住在草原，住丘陵的一夫多妻制，住草原的一夫一妻制，實驗者把這兩種公鼠放在核磁共振儀中掃描牠們的大腦，發現住丘陵的田鼠海馬迴後端管空間記憶的地方變得比住草原的大，因為牠需要記得哪邊有太太，因後天環境的需求使管空間記憶的海馬迴後端變大了。

雖然講了這麼多的實驗例子，父母最後的問題仍然是怎麼使孩子更聰明？孩子寫字會溢出格子，寫字慢，是笨還是懶？什麼時候開始教孩子認字比較好？兩歲數數要數到多少才是正常？孩子說話慢怎麼辦？林林總總，讓我感到父母的焦慮。前面所舉的實驗並不能進入他們的大腦中，因為他們不熟悉科學實驗，又對大腦的發展沒有概念，所以有聽沒有懂。但是外面坊間商人所用的詞彙卻是他們一聽就懂的：你不送孩子上補習班學才藝，你就誤了他們學習最佳的時機，你就害了他，讓他輸在起跑點了。

要打敗這些以商業利益為目的的宣傳，唯一的方式便是用淺近的語言把正確的知識先讓父母知道。我們的心田像一塊稻田，野草長出來了，稻子就長不出來了，所以要先種稻子讓野草長不出來。

大腦的成長需要時間，當發育完成了，水到渠成，孩子寫字就輕而易舉；若是大腦還未發育成熟，手臂肌肉還未發展完成之前，硬要孩子寫字，不但事倍功半，還會傷害孩子學習的動機，使他厭惡學習。當一個孩子養成厭惡學習的態度時，這對他一生是個不可彌補的傷害，遠比他比別人早幾個月認得字、會寫字大得多。

北歐的瑞典、挪威、芬蘭等國都反對太早讓孩子寫字，因為孩子手臂的小肌肉要到六歲以後才發展完成，筆都握不緊，還侈談寫字？他們是七歲進小學才開始寫字。假如手還不能完全控制筆，寫字當然會溢出格子，請不要打罵他，請把格子放大，台灣已把小學一年級寫字的格子放大二十％了。

華人父母望子成龍之心大概是全世界最強的，所謂「愛之深，責之切」，孩子達不到父母的理想時，常會出口傷人，罵孩子是豬，或更難聽的話；又喜歡自怨自艾「我這麼辛苦賺錢供你讀書，你怎麼給我念出這種成績來」，增加孩子的罪惡感。父母常會忘記動機是學習的根本，一頓打罵之後，孩子看到習作本會怕，一怕就更不可能做得好了。

曾經有個研究想知道小學生的自我期許，問他們覺得自己是個什麼樣的人，想不到許多孩子寫「我是個失敗者」。為什麼這麼小就覺得自己是個失敗者呢？因為大人每天這樣罵孩子。研究顯示孩子在學校中，每七句負面的話只有一句是正向鼓勵的話；在家中，每十句只有一句是正向的，這就難怪華人的孩子對自己沒有信心，常會想到自殺了。

成長需要耐心，教育也需要耐心，父母千萬不可揠苗助長。幼稚園的孩子可以教他認字，但不可要他寫字，認字也不要用傳統方塊字那樣，最好是在讀童書給他聽時，讓他自然的學會，這種內穩的學習效果最好。若是孩子一本童書要讀千萬遍，也沒有關係，請讀給他聽。研究發現，孩子雖然每次讀同樣的書，但每次的領悟不同，因為每一次的閱讀都會增加一些新的知識，這個新知識會使今天再讀這本書時的感受不同。神經學上發現，一種新知識若不能與舊的背景架構掛上鉤，它會流失掉。若是孩子不再能從書中學到新的東西時，他自然不會想再讀。

所以**父母教養孩子要順其天性，自然發展，孩子最知道自己想要什麼，在他想要學的時候教他，是最快的學習方式**。我曾經看到有個母親把三歲的寶寶帶去昂貴的幼兒智力訓練班，課程包括玩積木（訓練眼手一致）、繪畫（訓練想像力）、遊戲等等，琳琅滿目，讓父母覺得花這些錢值得。

其實這些都是噱頭，孩子在遊戲時本來就是想像力的發揮，任何吃飯、拿東西的動作都是眼手協調的訓練，父母只要放手讓孩子自己吃飯、自己穿衣、自己走路就夠了，不必花這些冤枉錢。反而是二十分鐘一節課的時間一到，鈴聲響，孩子被迫換下一個遊戲時，常會大哭大鬧，因為他這個項目還未玩夠。這種訓練最大的壞處是孩子從來沒有做完一件事，養成他有始無終的壞習慣。

教育孩子沒有一定的法則，孩子每天快快樂樂、問東問西就是最好的方式。畢竟只有快樂的孩子才會健康，只有健康的孩子才能發揮所學。

6 快樂的學生才有創意

一名高中生寫信向我訴苦：老師說我們要有創意才會有前途，可是我每天都覺得透不過氣來，一點靈感也沒有。請問，創意要怎樣才出得來？

的確，**如果每天都覺得透不過氣來，很難有創意，靈感只有在快樂時才湧出**。心理學家早在一九六〇年代就發現了這個關係，那時哈佛大學有位年輕的心理學家叫梅德尼克（Sarnoff Mednick），他認為創造力其實就是連接得非常緊密的聯結記憶（associative memory，這是記憶組織的一種，以內容為提取的線索，例如看到丈夫會聯想到妻子）。他發展出一個聯想力測驗叫遠距聯想測驗（Remote Association Test, RAT），這個測驗到現在仍在用，因為它非常符合創造力的神經機制，我一九九二年回台教書時，有把它帶回來。

這個測驗是給受試者看三個字，如 base, snow 和 dance，請他盡快想出一個與這三個字都有關係的字。這題答案是 ball：baseball 棒球是高聯結，snowball 雪球是中度的聯結，dance 是個 ball 就像我們中文的成語詞，如風流，從字面上看不出意義來，受試者必須知道 ball 的另外一個意思是舞會，畢業舞會叫 graduation ball，交際舞叫 ballroom dance，這時答案會出來，因為 ball 有三次的 input，比別的字多，當它超越神經觸發的臨界點時，就會出線；又如 surprise, line, birthday，這三個字的共同字是 party：surprise party, line party, birthday party，五〇年代電話線不夠時，兩戶人家共用一條線叫 line party。所以背景知識越廣，做這個測驗越輕鬆。

德國的心理學家在這個測驗中添加了一些無解的三字組，再請受試者盡快的判斷每題有沒有共同的字。受試者並不需要寫出答案，只要判斷它有無解即可，如 cottage, Swiss, cake 是有解（共同的字是 cheese），dream, ball 和 book 是無解，三者無共同的字。

在測驗前，他們先請一半的受試者花幾分鐘回想他生命中快樂的事，另一半去想悲傷的事，然後才開始做。結果發現快樂組可以直覺的感到有沒有答案，成績比控制組好了兩倍以上，而悲傷組的判斷很差，幾乎沒有一題對。他們下結論：創造力與情緒有直接的關係，心情不好時，連直覺都消失了。

接著，研究者在受試者臉部肌肉上貼小電極來偵測肉眼看不見的表情變化。當問題有解時，受試者臉上會不自覺的浮出淡淡的微笑，眉頭是舒展的，這個實驗再度確定了心情與創造力的關係。但是究竟誰是因，誰是果呢？

這次他們給受試者戴耳機，告訴他，耳朵裡聽到的音樂會影響他的情緒反應，然後再做這個實驗。結果受試者臉上的微笑就消失了。大腦一旦以為有解答所帶來的輕鬆感是音樂的關係，就把這感覺歸因到音樂上，那個因有解而產生的微笑就消失，證明了受試者內在不自覺的輕鬆情緒會影響他們對三字組的判斷，這個直覺又影響了他們的創造力。所以快樂的學生才有創意。

在這講求創意的世紀，如果大人跟孩子講的話中，十句有七句是負面的，你覺得我們的孩子會有創意嗎？

7 真正的興趣自己會浮現

一位媽媽說為了找出孩子的潛能，她每天加班賺錢，送孩子去上各種才藝班，每個月三萬元的學費，她已經花了八年，但是孩子仍找不出特別的興趣。她問：還要多久興趣才會出現？興趣定型後能改變嗎？

其實人的興趣是一直在改變的。小六與國一才差一年，玩的玩具就大不相同，孩子會隨著年齡、心智的成長而轉移興趣，甚至進了大學興趣還會再變。一九九五年艾美獎得主彼得．巴菲特（Peter Buffett，股王巴菲特之子），就是幾經轉折才走上音樂之路。他有個朋友更是厲害，幾乎每學期都在轉系：大學一年級念的是機械工程，後來覺得工程太呆板，就轉去念抽象的物理；念了物理後，又發現他最愛的其實是物理有秩序的模式，所以轉修數學；數學吸引了他兩學期，又覺得數學只空談模式，缺乏動手做的實際感，所以轉去念藝術；藝術仍不能滿足他，同時也不知自己是否真的有藝術天分，所以又轉去念建築。建築既是藝術又是科學，建築的設計要用到物理和數學的知識，建築藍圖的繪製使他的藝術訓練可以派上用場，照講是很理想的了，但是他又發現很少人肯花大錢實現建築師的理想，他反而要去聽雇主的意見，覺得很挫折又想轉系。在念建築時他發現對各種建材所表現出來的美感很有興趣，所以轉去念材料科學。

兜了一大圈結果又回到工程，但是這一圈的經驗使他變成獨一無二的都市計畫專家，知道造型的美感、建材的選取會影響裡面工作者的心情，因此開始做綠建築，所學所用，現在過得非常愉快。所以一開始時的迷惘沒有關係，「遊蕩的人未必都是迷路的人」（Not all who wander are lost.）。**人生的路，只要好好走，沒有白走的。**

真正的興趣自己會出來，就像生命自己會找出路一樣。彼得學鋼琴中斷過四次，他說心中一直有個聲音在纏繞著他，但不知道是什麼。他吃不下、睡不著，只好從史丹佛大學退學去尋找，最後成為音樂家，並與父親一起在洛杉磯登台演出。那天他父親開玩笑說他是來「驗收鋼琴學費的投資成果」。可見為了他學鋼琴，父親也是花了不少錢。

人的興趣是要花時間尋覓的，它可能隱藏在很多面具之下，但是只要是真的，終究會浮現出來。反而是出現後，人不見得有勇氣走下去，因為這條路往往不是容易走的，人有好逸惡勞的天性，喜歡走阻力最小的路。

所以**父母不必急著找孩子的興趣在哪裡，時機到了，孩子會告訴你。只是當孩子告訴你時，你要能放手讓他去走。**設計師吳季剛成功最大的功臣是他的母親，她有勇氣抵擋別人的閒言閒語，保護他去走跟別人不同、卻是他衷心喜愛的路。

人只有做自己喜歡的事才會成功。這位媽媽可以停止才藝班了，時機到了，孩子會來求你。

8 讓年輕人敢作創業的夢

現代年輕人缺乏創業的抱負與熱情，大家都想吃碗穩定的飯。才大三，很多學生就在準備高考，甚至有人休學去上高考補習班，還有人連考二十七次，一心一意就是要做公務員。我們問：年輕人的熱情與抱負到哪裡去了？

熱情與抱負背後的驅動機制是期待。人必須有期待，才會有動力。如果對未來成功的期待能像賭徒「下次一定贏」那麼強，那麼他會去創業。其實創業需要的就是這樣高度的自我期許，沒有人一次就成功，一八二〇年英國皇家學院院長韓福瑞爵士（Sir Humphrey Davy）說：「我所有的成功來自我以前的失敗。」如果他對成功的想像力夠強，變成期待時，他會堅持下去。

在臨床上，我們看到阿茲海默症的病患因為大腦病變，失去時間觀念，分不出過去和現在，當然更沒有未來。他們因為沒有未來，所以沒有希望；沒有希望，也就不會有失望和絕望。但是我們不同，我們有記憶，會思前想後，所以會自怨自艾；我們有想像力，所以不會滿足，一直在希望和絕望的循環週期中過日子。

希望和絕望是一枚銅板的兩面，它背後的機制就是想像力。我們從來沒有想過可以對憂鬱症的病患說：「你會覺得絕望就表示你有希望的能力，你只要改變想法，就能振作起來。」美國哲學家詹姆斯（William James）說「改變心態就改變生命」，人可以因為心態的改變而使生命不一樣。

動物沒有想像力，無法想像牠十年、二十年後的樣子；而人類可以，並且能因此做出不同的行為。有個實驗給學生看電腦仿真的三十年後自己，結果他們現在存錢的意願就比看三十年後同學和朋友的面貌多了十倍。人在年輕時，怎麼會想到自己有朝一日會老，晚景可能會淒涼？如果預期可以改變人的行為，我們能否利用它激發年輕人的創業熱情？

從圍棋實驗看來，人一般只能預期未來的兩步或三步，但是經過訓練，圍棋大師可以到一般人的十倍以上。或許政府應該給年輕人充分的預期理由，使他們敢作創業的夢，只有創業才會帶來就業機會。蒙古有句諺語非常好：「嘴巴殺死的獵物搬不上馬，言語殺死的獵物剝不了皮。」台上的袞袞諸公，不要再空談了，拿出魄力趕快去做吧！

9 夫妻相處像筷子

朋友的兒子要結婚了，因他父母外派，便拜託我帶他去叔公家報喜。老人家聽到喜事很高興，進房拿了一雙檜木的筷子出來，囑咐他：「**夫妻是筷子，夫妻同心，其利斷金。一根筷子是成不了事的，要兩根在一起才有用。筷子就是所有的酸甜苦辣都要一起嚐，有福共享，有難同當。**」

年輕人看到期待中的禮物原來是一雙筷子，臉上的表情馬上轉為不屑與失望。但是我在旁看到卻很感動。

老人家的話真是金玉良言。人生很多事只能體會，無法言傳，這孩子不了解，夫妻若能白頭偕老，是一大福氣。我們在實驗上看到離婚、配偶的意外死亡和失業，是打擊情緒最厲害的三件事，若身體有致癌的傾向，十八個月之內會發展出癌症來。離婚名列第一，比意外死亡還厲害，就是因為它還包括了背叛和不守承諾。

夫妻相處真的很像筷子，相濡以沫。有個退休的人中了三．九億的彩券，不肯告訴他太太，理由是太太情緒太激動會無法接受。看了令人啞然失笑，太不成理由了。其實他中的獎金不是少，數上一整天也數不完，這麼多的錢，分一點給老伴又何妨？被明成祖滅十族的方孝孺有一句詩很好：「但令四海常豐稔，不嫌人間鼠雀多。」四海豐收了，就不在乎鼠雀吃了，人的心胸要大一點才有福氣。

其實紙是包不住火的，除非不動用錢，像當年搶銀行的李師科一樣，每天照樣一個饅頭一杯白水過日子，不然買千萬房子、百萬跑車而不貸款，太太一定會起疑心，一鬧出來，一定離婚，因為大部分配偶不能忍受另一半對自己不信任。離婚官司一打，現在法律明訂夫妻共同財產制，一半的財產還是到了太太手中，又何必如此寡情呢？

或許有人認為有了錢，還怕找不到美嬌娘嗎？其實齊人之福是表面的，真正的情形是齊人之禍。有個漫畫很有意思：「婚前她說除了我，什麼都不要；婚後，她說除了我，什麼都要。」一有位緋聞不斷的男士也訴苦說：「人家都很羨慕我走桃花運，其實交女朋友是很累的，因為你要去討好她。」沒錯，要討好別人就不能做自己，日子就過得不自在了。有句俗語「少年夫妻老來伴」，老了最怕沒伴，很多老夫老妻不必開口講話，一個眼神、一個手勢，對方就知道你的意思。老了，知心的日子是最愜意的。

錢一定要有用才有意義。我曾去河南鄭州演講，看到了一座千年的宋朝古墓，那人頭上有個碗，裡面裝滿錢，兩手握緊錢，腳下兩個陶瓶裡面也裝滿錢。這個人用錢陪葬，一身蓋滿了錢，但是還是帶不走。張潮在《幽夢影》中說「天下有一人知己，可以不恨」，人生找到一個知心的伴侶便不虛此生了，錢要那麼多幹什麼呢？

10 全家一同吃晚飯

自從聯合國經濟合作發展組織公布了二十一世紀必備的十大能力之後，台灣的父母便開始緊張，因為它們列出的第一個能力便是「使用母語的能力」（第二為使用外語的能力），他們頻頻打電話到實驗室來問：如何增加孩子的語文能力？為什麼別人的孩子會說話了，我家的還不會？

人類行為基本上是基因和環境互動的結果，有些是先天基因的成分比較重，有些是後天環境的因素比較重。在語言的發展上，一個先決條件是孩子必須在正常的環境中生長，有聽到別人說話，才會啟動他大腦中語言學習的機制。

孩子開口說話的早晚是先天因素占比較多，如果孩子是俗語說的「大雞慢啼」，說話晚，那麼家族中應該有人也是晚說話的。這時，父母不必急，只要每天跟他說話，等到大腦語言區發展成熟後，水到渠成，他自然會說話。明朝的大理學家王陽明到五歲才會說話，一出口便是整個句子。不過開口說話以後，如何增加孩子的語文能力，便是後天的成分比較重，父母要用點心思誘導了。

哈佛大學在一九八八年開始了一個家庭學校語言與詞彙發展的長期性研究，主持人是來過台灣和中國的史諾（Catherine Snow）教授，他們把孩子在家中父母對他說的話全部錄音，回到實驗室逐字分析。這個研究從三歲追蹤十三年，一直到這些孩子進入高中，是個很龐大的專案。因為語言是學習的根本，他們想知道為什麼有些孩子智商正常，在學習上卻落後，他們想找出波士頓附近低收入家庭孩子語言發展的條件是什麼。這研究一開始時，有八十五戶家庭參加，到後來，有效資料只剩五十七戶，表示這不是一個很容易的研究。

研究結果發現，不論種族（白人六十七%，黑人二十一%，墨西哥裔五%，混血七%）及家庭經濟情況，**影響孩子語文能力（詞彙的正確用法及詞彙量）最大的因素是父母在餐桌上所花的時間及所講的話**。這結果有點出乎研究者意料，史諾教授說，她從來沒想到，有沒有跟孩子一起吃飯有這麼大的關係。

原來在家吃飯時，大人說話的範圍比較廣，常有新鮮的詞彙出現，比父母念書給孩子聽的更多。比如說，父母會談白天發生的事、見到的人，兄姊會講學校學到的東西、老師說的話，這些詞彙很多是童書上不會出現的。父母在教孩子用餐禮儀時，通常會對孩子解釋為什麼不可以這樣，用解釋的方式不但強化詞彙的數量，還讓孩子了解詞彙的意義。

孩子不停的在學習，不停的在模仿。曾經有個笑話：父親在餐桌上隨口說了一句：「老張這個大混球，早上講好要來接我，結果沒來，害我遲到。」飯後，老張登門道歉，孩子一開門，看到是張叔叔，就回頭大喊：「爸，你說的那個混球來了！」相信很多父母有這個經驗。孩子會在不了解意義之下先模仿，這種模仿能力是天生的，一九九二年義大利研究團隊在大腦中發現了鏡像神經元，證實母語的學習是一個模仿的歷程，從來沒有人教孩子文法或生字，孩子自己摸索、自然學會，所以說母語的學習是種內隱學習。

父母和孩子一起吃飯還有另一個重要功能。二〇〇三年美國哥倫比亞大學「成癮和藥物濫用中心」發現，在成長的過程中，一週有三次以上和父母一起吃晚飯的孩子，學業成績拿A的比例比其他同學高兩倍，而不當行為減低二分之一。這原因是跟父母一起用餐的孩子有比較多的詞彙，使他們在一入學時，學業成績比較好，這使孩子在學習上有信心，便學得更好，就更喜歡學，這個正回饋奠定了孩子未來成功的基石；另一個原因是父母和孩子一起吃飯，就掌握了孩子的行蹤，孩子在學校發生的不愉快可以馬上得到排解。人在外面受了氣，如果有人可以訴說，一定會找人訴說。在訴說過程中，孩子可以整理思緒，歸納因果。當他一邊說一邊整理思緒時，常會看到其實自己也有錯，經過父母的規勸後，心中的結會打開，情緒恢復正常。情緒好對學習有利，所以一週三次有跟父母吃飯的孩子功課會好，犯罪率會下降。

這個親子一起吃飯的重要性在很多不同的研究上都有看到，尤其是青少年期更為重要。台灣過去推行過「爸爸回家吃晚飯」運動，就是希望父親的應酬減少，回家陪伴孩子，美國前總統歐巴馬也寫過一篇文章，談到小時候母親每天跟他吃早飯的影響。

一個有大人在身邊的孩子情緒較穩定（因為安全感是孩子在成年前最大的心理依賴和感情需求），一個情緒穩定的孩子容易交到朋友，有朋友的孩子比較快樂，快樂的孩子功課好，得到朋友的幫助多，事業容易成功。這是為什麼父母親回家和孩子共進晚餐不但使孩子學業成績好，也使青少年犯罪率減低。

史諾教授說，孩子在三歲的時候，透過跟家人一起用餐，所接觸的單字數量可以推測他們六、七歲進小學時所用的詞彙，而這時所用的詞彙又可以推測十年後他們對語文的掌握。史諾教授呼籲父母不可輕忽這三十分鐘的晚餐時間，她說這短短三十分鐘可以改變孩子的未來。

所以若想幫助孩子成功，不要放學直接送他去補習班，帶他回家跟你吃個晚飯吧！

後記 只要有一個孩子因你而不一樣

這本書是《講理就好》系列的第十本，也是我六十五歲屆齡退休前後的一本集結著作。人不能預測未來還有多少時光，所以主編囑我寫一篇比較長的文章，類似我的「學思歷程」交代一番。我不是大人物，沒什麼學思歷程可供別人參考，但是我的確是二次世界大戰後嬰兒潮的頭一代（一九四七年出生），經歷到台灣的崛起及美國由極盛而衰的整個歷程，所以說不定有些歷史價值，讓後人了解我們這一代為什麼會願意為國家而死，為朋友兩肋插刀，為正義挺身而出。

每一個世代成就下一個世代，每一個世代也有它的宿命；我們沒有黃花崗烈士那種拋頭顱灑熱血的勇氣，但是我們會為釣魚台事件徹夜開車去華盛頓示威和遊行。我就從我自身的經驗來談談嬰兒潮世代，從出生到退休這六十多年間，世界的改變。

母親的恐嚇與持家智慧

我出生在台北市的城中區（現已改名為中正區），是個生在台灣的外省人。（看到龍應台被罵「不是台灣人，滾回去」，我覺得很恐懼。做了一輩子的台灣人，怎麼突然在他們嘴裡就變成不是了？）我父母來自中國的福建，小時候各種文件都要填省籍，大我五歲的姊姊便教我「閩」這個字，因為「福建」這兩個字筆劃太多寫不來。我對「門裡的大虫」印象很不好，常不願承認自己是閩人，但是福建的筆劃更多，所以最後還是屈服，每一年開學，都乖乖在學籍卡上填「閩」。

那時班上同學來自全國各省，因此三十六行省的簡稱我們是透過同學的省籍而學會的，班上有黑龍江人，被稱為「黑」人；湖北簡稱鄂，被稱為「惡」人；湖南湘叫「香」人；只有江西人最可憐，被稱為「贛」人（我記得她是個女生常常因此而哭，這也是我後來在研究記憶時，不需要做實驗，就知道意義度和情緒是增強記憶的兩大元素）。

民國四十幾年時紙張有管制，據說是怕匪諜拿去做傳單（我小時候天上曾經飄下過很多五顏六色的小紙條，上面印有字，當時我還不是很認得字，不知道它在講什麼，但是我們得去操場把所有的紙條撿起來交給老師）。那時也沒有什麼課外書可看，連報紙都只有兩張紙，頭版都是政治宣傳，我沒什麼興趣，通常只看副刊。我必須說，早期的副刊編得比現在好多了，很有內容和深度，甚至有連載小說，每天早上起來上學前等報紙送來，好知昨天的「下回分解」解到什麼地步。

我那時可謂凡是有字的東西都看，管他是什麼東西，因此看了很多警告逃妻的小廣告，心中非常好奇，台灣有戶口管制，常常要普查，警員會來到家裡，依名字對照面孔，他叫長女ＸＸ，我姊姊就舉手，他叫次女ＸＸ，我就舉手，有這麼緊密的控制，不知這妻可逃到哪裡去？

小孩子對無家可歸是最恐懼的，我母親最常威脅我們的便是「不乖，我就不要你了，把你趕出去餓死」。當時有一部張小燕主演的電影叫《苦兒流浪記》，我在東門的寶宮戲院看的，看到張小燕沒東西吃，偷吃生的地瓜，覺得非常害怕。在那時大人管教孩子都是用恐嚇的方式，例如「叫警察抓你」、「叫虎姑婆來把你吃掉」，現在回想起來非常反感。原來我們是在霸凌的陰影之下被恐嚇大的，只是當時沒有霸凌的名稱而已。

我父親的管教方式是告誡我們「天網恢恢，疏而不漏」，警告我們不可有壞心和邪念，他常講楊震的「天知，地知，你知，我知」故事給我們聽。以前的人比較純樸，一嚇便不敢做壞事。一方面是當時沒有電視來教導如何做壞事（我有一個小學同學，考試考不好，被她養母責打後，決心去自殺。她把童軍繩套在脖子上，站了兩個小時都沒死，第二天來學校講給我們聽，全班六十四人竟然沒有一個知道必須站在椅子上，把椅子踢翻才會死），另一方面也與父母的恐嚇有關。

小學時代碰到八二三炮戰，家裡挖了個防空洞，裡面存有乾糧和水。我們常跟媽說餅乾發霉了，母親沒有時間檢查是真是假，便叫我們換新的放進去，我們便把舊的餅乾分了吃。如今回想起，那種蘇打餅乾沒糖沒油，又乾又硬，吞都吞不下，現在的孩子一定不會吃，但當時可真是美味一樁，下面四個妹妹一字排開，每人一片。我很小就知道做壞事一定要把所有人都拉進來，為了自身安全，她就不會去告密，所以分贓一定要公平，不公平就會窩裡反。

民國四十年代的生活非常苦，一件衣服一定是老大先穿，穿不下了，再傳下來給老二，傳到老五或老六時就要打補釘了。而且從補釘上可以看出每位媽媽的巧思，有的媽媽把補釘打得比新的還漂亮，裙子短了，下面便加荷葉邊，滾個邊，反而漂亮很多。只有褲子比較麻煩，當短到小腿也露出來時，那是打死孩子也不肯穿去上學了，這時家裡只好想辦法買布做一條新的。這種怎麼拉也拉不下來蓋住小腿，走在路上被人笑的印象非常深刻，使我到現在不管怎麼流行，我都不穿七分褲，也不懂為什麼會流行七分褲，它明明就是你穿不著的褲子被媽媽變了個花樣，叫你穿去上學，騙你說這是流行。

因此，我從不追趕流行，充分了解所謂「流行」就是母親窮則變、變則通的行事方式。而且也從流行中明瞭一件事情：天下是合久必分，分久必合，女生裙子短到不能再短時，便流行長的了；長裙拖到地時，就開始往上縮了。為什麼呢？因為每位設計師家裡都有個媽媽，每個人都受父母很大的影響。

父親的訓誡與期望

我因天資愚魯又開竅得晚，對童年事情不是很記得，但是對小時候看的書卻是印象深刻。父親是教授，也做過法官和律師，家中再沒有錢，念書、買書的錢是一定省給我們的。家中也有很多線裝書，記得父親書房有一個大書櫃，裡面是整套二十五史，小時候也曾抽出來看，它沒有標點符號，不容易看懂，真的無聊時也看了一些，不懂的雖然記不得，但多少留下些許印象。比如以當時我的身高，最常抽出來看的是《元史》，對鐵木真的名字是早早就如雷貫耳了。

那時重慶南路上一排都是書店，放了學就走到書店去看書，腳站瘦了再回家是家常便飯。書本對一個人的改變是無形的、緩慢的，不會立竿見影，但是一旦思想成形，它就是最勇猛的武器了。「現在的你和五年後的你差別在於所看的書和所交的朋友」，我父親很了解這層關係，對我們的民族教育一點不放鬆。

我們每一年開學前，都要去父親書房排隊向他拿學費。他會說，他很高興我們都能體恤父母親賺錢的辛勞，努力讀書考上公立學校，減輕他的負擔，但是馬上話鋒一轉，嚴厲的對我們說：「這一點學費無法讓你們在台灣最好的大學、最好的設備裡面，享受最好的師資，你們用到了很多沒有考上台大的人的錢，是他們父母納的稅在支持你們讀書，所以你們要好好讀，不能辜負別人的辛苦錢，不想讀，就讓想讀的人來讀。」因為每一學期伸手向父親要學費都會聽一次，所以這段話深烙在我的腦海中，二〇〇九年看到台大學生不好好上課，吃泡麵的吃泡麵，看韓劇的看韓劇，我才會那麼生氣。

雞腿事件後，我和同事閒談起來，才發現每個人的價值觀不同，所在乎的事情也不同，因為每個人的家庭不同，更深深感到家庭教育的重要性。從小父母跟孩子講的話形成一個人獨特的性格，它是透過耳濡目染的歷程，潛移默化的塑造你的思想和行為，使你不知不覺接受了父母的價值觀，使你走出去，人家一看，就曉得你是誰家的人，是XX的女兒。

早年父母常掛在嘴上的一句話是「出門不要丟我的臉」，在當時，孩子行為不端，會讓父母臉上無光，《詩經》上說「夙興夜寐，無忝爾所生」就是這個意思。孩子不見得能為父母爭光，但至少不能有辱門楣（我以前有個同學叫陳光庭，可以想像家中對她的期望）。假如現在能恢復當時的社會情境，再過守望相助、雞犬相聞的日子，社會上犯罪事件應該會少一點——當然這是癡人說夢，時光過去是永不回頭的。

那時候每家的規矩都是「小孩子有耳無口」，大人沒有跟你講話，沒有叫到你名字，你不得隨便開口，如果開口是不禮貌，插嘴更是大膽，至於頂嘴，則是從來沒聽過。我因為天性好奇，常喜歡問為什麼，父母親心情好時，會說自己去看書；心情不好會罵說「問那麼多幹什麼？功課做完了沒事幹就去餵雞」。所以我對黃春明在《聯合報》副刊寫的那篇「貓頭鷹 vs. 鷹頭貓」才會那麼感興趣：小明的問題其實非常好，貓頭鷹是貓的頭、鷹的身體，那麼剩下來的另一半呢？不是應該是鷹的頭、貓的身體嗎？那鷹頭貓到哪裡去了？小明碰了無數釘子，還是沒有找到答案，每個人都叫他好好念書，不要胡思亂想。

不要胡思亂想是我們成長過程中最常聽到的一句話。這句話很可怕，它先入為主告訴你，你的想法是不值得注意的，它是浪費時間。但是我常奇怪，大人連你在想什麼都不知道，怎麼知道它不值得想呢？我以前會不服氣的反問「你都還沒聽我講，怎麼知道我想的是不對的？」這種反問的下場當然是挨罰。黃春明小時候一定也吃過這個虧，才會寫出這則短篇故事來。

飯都吃到豬的肚子裡去了

我的初中、高中念得怎麼樣已經沒什麼印象，因為每天都是念書、考試、吃飯、睡覺，千篇一律時，它在腦海中就不會留下任何記憶；我們大腦的資源是很可貴的，它不會浪費在記憶這些無聊的東西上。唯一有印象的是我因開竅得晚，到初中才知道為什麼要讀書，而我下面一個妹妹只比我小一歲，她功課好，從來不曾考過第二名，很多時候母親會把我跟她比，認為我比她多吃了一年飯，飯都吃到豬的肚子裡去了（我屬豬）。

大人罵小孩時常口不擇言，聽在孩子耳裡可真的是心如刀割。所以後來我兒子不管他考第幾名，我都不罵他笨，因為他是我生的，如果他笨，那是我的責任，是我把他生得笨。打罵孩子只會越罵越糟糕，很多父母以為打他一頓，下次孩子知警惕就考好了，認為這是打罵的功勞，其實這是統計「迴歸」（regression）的關係，建議有這種思想的父母去看康納曼的《快思慢想》，裡面破解了這個迷思。

我開竅後，讀書就得心應手，也一直考第一名，高中直升北一女，不必考，省了五十元的報名費。那時五十元很大，母親告誡下面的妹妹們：「以後高中報名費像你姊姊一樣都給我省下來。」那是我唯一從母親口中聽到的獎勵話。有時反思：我為什麼一直覺得自己是 loser（失敗者）呢？恐怕跟我小時候一直不曾被人肯定有關係。

我上面的姊姊長得非常漂亮，一進大學便被選為化學系系花。相較之下我就很醜了，印象非常深刻的一次是初中時我表哥結婚，姊姊做伴娘，打扮起來真是美如天仙，那天媽媽叫我們其他小孩都不要去吃喜酒，免得給她漏氣。所以家中其他姊妹雖然都是五官端正，卻從來沒有人覺得自己好看。我想我們拚命讀書可能也跟母親常威脅的那句話有關：「不念書，嫁不出去時，看誰養你！」這種危機意識倒是很好的激勵，當時台灣沒有「遊民」（不知道為何沒有，至少是一九九二年我回台灣後才聽到的名詞），一想到沒有飯吃真是非常的恐懼，只好拚命念書。

我們小時候是真的有人沒飯吃。我記得民國四十五年念小學時，還發生過早上明明送便當去蒸，中午值日生抬回來時，就是沒有我的便當的事情。在成長期間，每天都覺肚子餓，早上還不到第三節課肚子就開始叫了；也常有同學早上便當不送去蒸，第二節課下課就開始偷吃便當，等到第三節課下課時，她便當的味道使得所有人肚子都餓起來，所以好不容易等到第四節下課可以吃飯了，而我沒有便當吃時，真的非常生氣。

但是父親跟我講過一次話以後，我就不再為這種事耿耿於懷了。他說：「你有沒有想過，吃你便當的人，他是三餐都沒得吃，只吃你這一餐，而你是三餐都有得吃，只少吃這一餐，你有什麼好抱怨的？」父親的話我記到今天。也了解孩子做錯事或思想不正確時，父母要即刻糾正，不可等事過境遷再來放馬後砲，因為即時糾正印象最深刻，以後不再犯。

天高皇帝遠的自由滋味

我大學念的是台大法律系法學組，因為台大法學院離我家很近，學校打鐘，我再出門，都能在老師進教室以前，找到位子坐下，因此一點念大學的自由感覺都沒有，生活依然跟高中一樣，準時上學、準時放學。唯一不同的是不必穿制服，但是當年也沒什麼花衣服可穿，「成衣」這個名詞還未出現，要穿花衣服得先去衡陽街的布店買布，再找裁縫做或回家自己做。我們這一代好像都會踩縫衣機，我結婚後買的第一幢房子，靠山的一扇窗戶沒有窗簾，當時也沒有餘錢訂做窗簾，便是借部縫衣機自己做。那間房子我住了十三年才賣掉，當時心中很不捨的，其實是那些親手做的窗簾。

民國五十八年大學畢業後，我便去美國留學，現在我父母都已經辭世了，我可以坦白的說，因為家裡管得太緊，覺得透不過氣來，所以念到大三就想出國，想享受一下天高皇帝遠，自由的味道。那時當然沒電腦可查詢資料，得去南海路的美國新聞處查各大學的狀況、科系和地址。那時也沒有打字機，要寫申請信時得拜託助教，借用系辦公室的打字機。我記得當年學生都很乖，不但見到老師敬禮，連助教都敬禮，也叫他們老師。我大一時的助教是賀德芬老師，記得她那時就很有威嚴，大家都以為她就是教授。

在大學裡，因為家裡管得嚴，我沒有參加過任何社團，也沒交到什麼朋友，在大學僅有的朋友還是我在北一女同班的同學，那時我們班有兩位同學跟我一起考上台大法律系，一位在法學組，另一位在司法組，雖然組別不同，但大部分課都還是兩組一起上，所以感覺還是跟高中一樣，這就更加強了我想出國的決心。我很幸運畢業後申請到福特基金會的獎學金，到美國聖路易市的華盛頓大學念法律。

我在出國後才感受到父母平日耳提面命的重要性，他們的話都在我碰到困難時浮現出來，幫我解決了問題。比如說，小時候母親教我們不要愛惜勞力，手天生就是要做事的，幫別人做事不會少一塊肉，就算做得很累，睡一覺，力氣又回來了，她叫我們眼睛看到事情，手就要伸出來做。因為有這個習慣，我去朋友家做客時，不會坐在客廳等人來請開飯，會去廚房幫忙，因此，朋友有好的消息也會通知我。在家靠父母，出外靠朋友，人在外真的是靠朋友幫忙，有好朋友作伴，也使很多海外的孤寂時光容易度過。

出國後我想念心理學，但是從法律系轉去念心理系，不太可能申請到獎學金，我就想起母親說的，不要管成敗，先跨出第一步，讓人家知道你有誠意。父親也常說，如果做和不做是同樣的機率，那你要去做，因為一動就打破了平衡，機率可能就偏向你。父親說「行動三分財氣」，出去走動才會看到機會，坐在家裡，運氣不會從天上掉下來；他還說「金山、銀山，坐吃山空」，他鼓勵實做，不要空想，凡事操之在己，不要靠別人創造機會給你。因此我就先去心理系應徵做實驗室助理，那是廉價勞工，每小時工資是二．六五美元。但是人在系中就可以去旁聽課。

美國學校非常好，幾乎所有課都開放給人旁聽，我後來翻譯《學習要像加勒比海盜》（*Secrets of A Buccaneer-Scholar*）就是深深認同作者的觀點：「你不可以沒有教育，但是教育不一定要從學校中得到」，只要想學，一定可以學到你想學的東西。

機會自己爭取，學習無所不在

我很多心理學的背景就是從旁聽中學來的。而且我清老鼠、兔子的籠子時，不會在意分配給我的動物比別人多，也不計較多餵幾隻動物或多洗幾個籠子，所以系上的人對我都很好。

當時系裡的打字機是 IBM Selectric 電動打字機，印字頭是個小圓頭，上面刻了二十六個字母及各種數字符號，打字時，圓頭轉動的速度非常快（現在這應該是骨董了，很多年輕人不要說看過，恐怕根本不知道有打字機這個東西）。因為我平時常幫系裡祕書跑腿做些雜事，所以她們都很樂意教我打字，等我要打論文時，她們會在下班後偷偷把打字機的圓頭借給我，讓我晚上打論文時有數學符號可以用。不然，在當時，請人打字一頁是一美元，我負擔不起。

其實幫系上祕書跑腿，我自己也學到很多東西，特別是做事情的方法和待人接物的禮節，畢竟我們不是在美國長大，有很多習俗或俚語我不知道。比如說，人家請你吃飯是六點半，你即使六點二十五分就到他家門口，也不可以進去，要等到時間到，主人穿戴好了，才可以去按門鈴。

這個習慣我們台灣就沒有，常常有老師要來接我去學校演講，約的雖然是一點半，而這老師十二點五十分就到了，他會不管三七二十一，打電話來說他已經到我家門口了，這時，我只好急忙拿著皮包下樓，飯都顧不得吃，因為台北交通擁塞，不能讓他在路邊停車危害到別人。有一次，我因此忘記關爐上煮麵的火，午餐沒吃是小事，差點把房子燒掉是大事。那時我就會想：怎麼沒有人教老師這方面的禮貌呢？

出社會後，我常想起父親說："You can not learn anything by talking."（聒噪的人學不到新東西），少說、多聽總沒錯，後來看到馬克吐溫說："It is better to keep your mouth closed and let people think you are a fool than to open it and remove all doubt."（你不開口別人可能會以為你是傻瓜，你一開口別人就確定了這個假設），覺得更是明智。在社會上，人們喜歡謙虛、藏拙、不說大話的人，那種愛表現、自我感覺良好的人，常惹人厭，有事時沒什麼人願意幫他忙。

多聽少說最好的一個例子是：一九七〇年聖誕節的晚宴是在系主任家舉辦，我那時英文實在不好，少說是不得已，但聽的能力已經不錯，我不會喝酒，端了杯永遠喝不完的紅酒，站在旁邊聽研究生談汽車和女人。不知怎的，那天有人說起汽車後座和後車廂之間有個小圓洞，功用是什麼我早已忘了，當時我只是聽聽而已，還沒能力開口問。

半年後，放暑假時，幾個中國同學相約一起去紐約的中國城買米，由我先生開車。在八十號公路上（這是一條據說一英里一萬美元打造的山路，穿過賓州中部的阿帕拉契山），有同學說肚子餓要吃三明治，我們就在路邊停下來，開後車廂拿野餐盒出來。我先生襯衫口袋裡的汽車鑰匙在拿野餐盒時不小心掉進後車廂中而不自知，等大家吃飽要上路時，找不到鑰匙，才想起可能是掉在行李廂中了。當時的汽車並無前控鈕，後車廂門若關上，沒鑰匙便打不開了。

八十號公路非常荒涼，沒什麼車經過，前不巴村，後不著店，我們連自己在公路的哪裡都說不出來（那時也不懂得看公路的路標，例如四二．五英里處），大家都是窮留學生，所有人口袋裡的錢湊起來都還不夠叫拖車。正一籌莫展時，我突然想起在聖誕晚會上聽到的話，就把後座椅子拆下，果然有個小圓洞通往後車廂，我那時年輕很瘦，才四十公斤，便爬進去找到鑰匙，解決了問題。就像我父親說的，多聽總沒錯，什麼時候用到，你不知道。

知己也知足的跨步向前

從法律系的主修轉行去念心理學博士當然不是很容易，我很幸運因為在實驗室打過工，對心理實驗有些概念，平日也去旁聽系中老師的課，逐漸累積背景知識，一旦正式開始念時，我知道老師講的話有所「本」指的是什麼，所以讀起來不那麼辛苦。我也知道自己的長處在做實驗上，讀別人的論文時，先去看他的實驗設計，從實驗中揣摩作者這樣設計的原因；也就是說，我是倒著讀，先看實驗設計，自己去想這樣設計是為了什麼，然後再去看前言和理論。兩者相互印證時，就知道自己想對了，於是很快能了解這篇論文。

從這樣的經驗裡，我體會到每個人讀書的方式不同，老師不能強迫孩子一定要怎麼讀書才行，應該讓他去尋找最適合他自己的方法。

二次世界大戰時，美國的戰爭英雄巴頓（George S. Patton）將軍深受他所帶領士兵的愛戴，因為他說：「我不告訴我的士兵該怎麼做，我只對他們說：『讓我驚喜（surprise me）！』」每個人有每個人的長處，給他一點自由思考的空間，他真的會讓你驚喜。巴頓將軍的士兵願意為他賣命，就是他們覺得總帥看得起我，願意聽從我的建議。台灣現在每每把留不住人才的原因歸因到薪水不高，其實實驗結果發現，薪資只排在離職原因的第四位，頭一個原因是老闆不能重用，自己的能力得不到發揮。

念研究所的時光是我最快樂的時光，除了功課，其他無憂無慮，每學期考完期末考，幾個中國同學便相約開車出去旅遊，美國的幾個國家公園就是在那個時候造訪的。我們通常是露營，因為國家公園的營區只要五美元就可以住一晚，還可享受它的衛浴設備；我們吃最便宜的溫蒂漢堡（不到一美元），但玩得很痛快。或許這是我對目前一些年輕人穿名牌、拿手機還在抱怨，不能表示同情的地方。苦不苦在你的心如何去看待這件事，不是在物質的享受上。

畢業後，也很順利找到兩份工作，一個是在學校作博士後研究員，另一個是去蘭德公司（Rand Corporation）作研究員，兩者年薪差五千美元。蘭德是美國一間很具規模的私人顧問公司，有一部分的業務是篩選陪審員；如美國美式足球明星辛普森（O. J. Simpson）被控殺害他的妻子妮可，因為辛普森是黑人，妮可是白人，所以陪審員的選擇很重要，不能有種族歧視的偏見。我因大學念的是法律，研究所念的是心理，正符合他們的需要。我自己知道個性不適合去商業機構，但五千美元在當時是很多的錢，很有吸引力，便打電話回台灣問父親如何取捨。父親說：「任何工作只要超越你的能力便是壓力。」我一聽便了解應該留在學術圈內，這個決定到現在沒有後悔。

有人說，二十歲時的選擇決定你的一生，其實不見得；路是可以轉彎的，人生的路只要好好走，沒有白走的路。但是人本性是好逸惡勞的，不愛適應新環境，因循苟且之後，最初的工作便會使你定下來不再變動，這完全取決於個人，並不是定律。

年輕人不必怕換工作與學新的東西，事實上，現在科技進步得這麼快，它逼著你不停的轉換跑道，像我讀書時是沒有電腦的，現在沒有電腦還活得下去嗎？人只要有學習的能力，肯學，便不必怕換新工作；只要從工作中有學到東西，也不必後悔浪費了時光。後悔大概是所有情緒中最傷神的一種情緒，有道是「選擇只是個開始，圓滿的完成它才是目標」。好好的走到人生的終點是我們的目標，中間停在哪裡，完全無關旅程的目的。

乘著夢想的翅膀高飛

我當時能去念醫學院，主要是申請到美國國家科學基金會（National Science Foundation, NSF）的博士後獎學金，一切訓練費用由NSF負擔還有生活費可以領。我選擇了加州大學爾灣分校的神經科，跟名醫史塔（Arnold Starr）教授作研究，學習大腦方面的新知。我在那裡遇見後來長庚醫學院神經科主任朱迺欣教授，當時他在爾灣神經科擔任副教授。

大腦研究那時剛起步不久，核磁共振（MRI）和正子斷層掃描（PET）都還未發明出來，可用的只有靜態照組織的電腦斷層掃描。而當時學術界已有風氣，想要發表神經心理學方面的文章，幾乎都需附上電腦斷層掃描的圖才會被接受，期刊要確定病人的行為缺陷的確是來自大腦某個地區的病變，所以我選擇去神經科接受博士後訓練。後來發現這選擇是對的，大腦很快變成心理學研究的主流，也了解在研究所講究的是跟哪一位老師，而不是哪一所學校，因為老師視野的高度決定你研究的方向。

我在哈斯金實驗室和爾灣神經科做完博士後訓練後，進入聖地牙哥的沙克研究所當助理研究員。這是一所全球知名的研究所，位於聖地牙哥北面的 La Jolla，風景非常優美，還常能看到有人在玩滑翔翼，因此實驗室靠海的窗戶都有木門將窗外的美景擋住，免得我們做實驗不專心。我在那裡主要做威廉氏症候群（William Syndrome）、自閉症（Autism）兒童的研究。

在沙克的日子既愉快又充實，每週四下午有研討會，各學門的大師不辭辛苦，飛到聖地牙哥來給我們作演講，因為沙克研究所的主任是諾貝爾獎得主、DNA 結構的發現者克里克（Francis Crick）。想想看，諾貝爾獎得主親自打電話邀你演講，你會不受寵若驚，排除萬難，馬上飛過來嗎？

我們每天下午有午茶時間，由所方提供三明治和咖啡，大家聚在一起閒聊。那時還很年輕，不懂為什麼要由公家提供茶點（我們都學會早上的甜甜圈〔也是所方提供〕吃兩個，下午茶時再吃兩個三明治，一天三餐就都解決了）。後來才發現腦力激盪是最可貴的，不同領域的人聚在一起閒聊，無意中的一句話都可能激出火花，變成重要的研究發現，這個好點子的價值比起三明治的開銷，真是一本萬利。康納曼也是諾貝爾獎得主，在他的《快思慢想》中也提到茶水間是最好的創意來源，他的許多實驗點子就是來自那兒。我們那時嘴裡忙著吃，耳朵忙著聽，真的學到很多東西；尤其看到這些大師的風範，心中暗自期許自己「有為者亦若是」。

一九八三年，實驗室中三名三十歲以上、久婚不孕的女性同時懷孕，而且都生男生。我母親一口咬定那是越戰的冤魂來投胎的。但不管怎樣，我們每個人都很高興，除了頂頭上司以外，因為美國是給一年的育嬰假。

兒子出生之後，我把他帶到實驗室背著他做實驗，原因是找不到放心的保母，父母家人又都在台灣，無人可幫忙，所以只好自力救濟。沒想到這反而給孩子很大的安全感，因為都在媽媽的背上，又溫暖又安全，對他以後人格的成長很有幫助。他會爬了以後便在實驗室的地上爬，眼睛看到的都是在讀書的研究生，所以他從小就以為人生就是要讀書。因此他的功課從來不必我操心，每天放學回到實驗室後當然又是看見每個人都在讀書，就會自己去做功課，長期的潛移默化奏效，完全不必大人催促。

研究者常要飛全國各地去參加研討會，發表你的研究成果，因為論文代表著升等，而女性研究者辛苦的地方是除了論文發表、研究蠟燭兩頭燒之外，還有家庭要照顧。

曾有一次在去法國開會的前一天，兒子發燒出水痘，雖然水痘不會致命，但做媽媽的仍放心不下，怕萬一有個意外，父母遠在他鄉也趕不過來，所以最後我放棄買好的機票，沒有去開會。當然我的事業會因此受損，但是人反正不可能什麼都要，你自己作選擇。對我來說，孩子比世間一切東西都重要。

我一直等到兒子念小學後，才能再專心的做實驗，不必一邊上班，一邊擔心孩子生病發燒。

最重要的是教育好子女

一九八八年感恩節前一天的子夜，我和先生接到當時中正大學籌備處主任林清江教授的來電，邀我們回台灣任教。在電話中，他描述了政府將要在南部甘蔗田中成立一所實現教育理想的大學，他邀請所有對教育有理念的人回去共襄盛舉。電話掛上後，我先生便趁感恩節四天假期回台灣看了一下。林校長是個很有熱情、很有說服力的教育家，三言兩語便說服了我先生放棄加州大學正教授的終身俸，回台實現他的抱負。

兩年後我帶著兒子一起回來，我去中正大學教書，兒子在民雄上小學，開始了他多災多難的台灣就學生涯，這也是我後來全心投入台灣教育，跑遍各地中小學演講的原因。因為我認為學習完全不需要如此痛苦，所有的孩子都能學習，只是快慢有所不同，而快慢的差異其實來自父母的基因。父母若是忘記了自己小時候求學的苦，一味要求

「孩子我要你比別人強」，內外夾攻，孩子當然受不了。我深深覺得孩子的不快樂完全來自大人的虛榮心態，難怪英國諺語說「大人對孩子的態度決定孩子的命運」、「大人心態的改變是孩子成功的起點」。

現在很多父母忙著工作討生活，無暇跟孩子說話，我覺得那是一種遺憾，因為生活最重要的一件事便是教育好子女，你沒有時間跟他們講話，怎麼把你的人生觀、價值觀傳給他們呢？

現在回想起來，我很感謝父親教我們讀《古文觀止》，那裡面都是古人智慧的精華，它是放諸四海皆準的做人做事的道理。例如教育孩子就沒有任何一句話比柳宗元在〈種樹郭橐駝傳〉中說的「其本欲舒，其培欲平，其土欲故，其築欲密」更貼切。順其天性非常重要，如果你不時把樹挖起來看它長了多少，這樹怎麼可能活？考試是想知道孩子學會了多少，不斷的考試，就等於不停的把樹挖起來看它根長了多少，忘記學習是像樹在長一樣，緩慢的、急不得的（一直考，一直把它挖起來看，只會打擊孩子的信心，使他覺得自己不行而已）。

我們為什麼要考這麼多試呢？我記得我的孩子在美國念小學時，每年五月的最後一個禮拜一都是會考日，考過就升級，不過就留級。它有一年的時光讓發展慢的孩子「趕上」（catch up）進度，所以在美國念小學沒有壓力。在台灣可能是一個月考一次，對大人來說，一個月很長，對發展中的大腦來說，卻很短。一個新知識進來，它得和舊知識掛上鉤，納入原來的知識網，孩子才懂得這個新知識的意義，對開竅晚或背景知識不夠的孩子來說，一個月的時間是不夠他消化新知的，考得太密集實在不公平，試想，孩子開竅若在段考之後有多可憐。

其實人有不同就像手指也有長短，我們拚命考的學習效果並沒有比美國一年考一次的效果好，又何苦荼毒我們的孩子呢？柳宗元在一千年前就指出了學習之道，可嘆教改了這麼多年，考試的惡習仍未改掉。

一本好書就足以打開眼界

我開始翻譯書也是一個很偶然的機緣。剛回台灣在嘉義中正大學教書時，一學期教三門課，其中一門是心理學的入門課普通心理學。我認為台灣學生只有比美國學生聰明，不可能比美國學生笨，所以把在美國教書的那一套搬回來：上課講重點，補充教科書裡沒有的最新實驗，開參考書單給學生，卻忘記了國情不同。期中考後發現學生普遍考得不好，一問之下，原來他們習慣老師講、學生抄筆記的上課方式，我說話速度快，他們來不及抄，加上沒有事先預習的習慣，不知道我在講什麼，因為語音是一陣風，散去了無影蹤。問他們：考的東西書上都有，為何不讀書？他們都說讀英文書辛苦，一個晚上只能讀一頁，生字查不完，所以最後放棄。

當時，台灣並沒有很好的中文版心理學教科書，而我用的是賓州大學教授格萊特曼（Herry Gleitman）剛出版的新著，有很多最新的大腦和認知科學資訊，所以就決定把它翻譯出來。這本書有一百萬字，上下兩大冊，因為我不會中文打字，所以是用手寫，每次回台北，就要去我家附近的金石堂書店買原子筆，買到後來認識金石堂的老闆娘（還帶她去山地服務，請她捐文具給山地學生）。開始翻譯以後，深感到外面資訊那麼蓬勃，我們卻因為文字的關係，不能吸收，真是太可惜了。

記憶中我小時候，幾乎沒有什麼外文的資訊，當時大同公司下面有個協志工藝出版社出版了很多好書，又有個拾穗月刊社介紹很多外國的小說進來，豐富了民國五十年左右，資訊貧瘠的年輕學子的心靈。民國四十六年協志出版房龍（Hendrik Willem van Loon）著的《人類的故事》是我對科學的啟蒙書，這本書我到現在還保存著；事實上，當時拾穗月刊所出版的《船場》、《鐵窗外的春天》、《西洋歌劇的故事》、《白衣女郎》、《黃寶石》等，都是我們在中學時代非常珍貴的外國翻譯書，我家在一九七二年從日式平房改建為公寓時，我已出國留學，還特別拜託我妹妹把這些書留下來。後來它們跟著我在美國跑了大半圈，帶回台灣後又經過幾次搬家，書皮都發黃碎掉了，還捨不得丟。

想到當年《拾穗》對我們的影響，我開始把一些我認為對學生心智啟發有幫助的書翻譯進來。每晚伏案翻譯，漸漸變成我生活的一部分，一天大約可翻六千字，晚上寫三千字，清早起來再寫三千字，然後去學校。這樣積少成多，到現在為止已經翻譯出了五十一本書，想想也覺得不可思議。難怪古人說「滴水穿岩」，只要持續做，真是鐵杵磨成繡花針。

我翻譯的另一個目的就是使自己專心，不去胡思亂想。我先生做教育部長時，我們從陽明宿舍搬下山到台北，我就不能像以前一樣，在實驗室弄到三更半夜才回家。但是教育部公務很多，他總是要到深夜才能回家，等門的時間很難捱，心中總是想不好的事：車禍、中風、心臟病發作……，一旦坐下來翻譯後，就不會去想別的，尤其專心做一件事時，時間過得飛快。翻譯使我度過難捱的等門時光，真是功德一件。

我前後翻了一千萬字左右，翻譯那麼多書，只希望台灣的學生肯把書拿起來看一下，打開自己的眼界，至少知道別人在忙什麼。二十年的努力，我真不希望再聽到「老師，你又出書啦？你翻得比我讀得快！」這種傷感情的話。寫總比讀慢吧？我都能寫得完，你怎麼不能讀得完呢？聽到這種話常使我覺得白費功夫，應該把時間拿去睡覺休閒，說不定現在還保持青春美貌呢。不過近年來，讀書風氣大有增加，這是一個好現象。我們那個時代的人感謝拾穗出版社打開了我們的眼界，我也希望有一天，某個學生拿起一本我翻譯的書，打開了他的眼界，使他走上不同人生的路！

讓生命成為一場公平的競爭

從翻譯到寫專欄集結出書後，我開始應邀去各個小學演講。當然也包括山地和偏鄉，每次演講回來心中都非常難過，我看到這些孩子不是天資不如人，只是父母迫於生計，必須出外打工，不能在家陪伴，山上又缺乏文化刺激，他們的語彙不夠，所以在學業表現上不如平地及都會孩子。但是原住民孩子生活方面的技能卻是勝人一籌，他們懂得利用自然資源，懂得分享，他們純樸、不自私，幾乎所有人類的美德，我在他們身上都可以看到。

我想起以前為加州大學醫學院做入學口試委員時，院長的一句話「文明社會的基本倫理是盡可能的讓生命成為一場公平的競爭」，叫我們不可因種族、父母的社經地位而排斥任何一個弱勢族群的孩子。於是我開始盡量去山地演講，讓老師認知他們就是孩子生命中的貴人，只要多費一點心力，這孩子就可能一生不一樣；我也想辦法募集資源送上山，或帶孩子們下山來參加文化活動，如參觀科學館、博物館及故宮的特展。

只要下過山，看過世面的孩子對自己的期許就不同，每個人都說我將來也要跟「他們」（指城鄉交流的城市小學生）一樣；孩子也比較有信心，知道讀書是脫離貧窮唯一的方式，懂得好好把握有書可讀的機會。在做志工的過程裡，我也結交了許多志同道合的朋友，很多是我平日在學校沒有機會遇見的人，這些志工不僅變成我終身的朋友，更豐富了我的心靈，這是做志工意外的收穫。我見證到個人力量雖然有限，但是只要持續做，就一定有成效。

二〇〇二年我父親過世，我說服母親把喪葬費省下來，在四川省越西縣涼山州彝族自治區的大營盤痲瘋村，蓋了一所紀念父親、有抽水馬桶和衛浴的「福增樓」（那時沒想到當地沒有自來水，水要挑才有，所以後來再募款把水引進村來）。當時的想法也是「盡量讓生命成為一場公平的競爭」，這些孩子只是因為祖先有痲瘋（他們本身並沒有痲瘋，而且現在有特效藥，服用後四個小時，病毒變成非開放性，就不會傳染），便被關在深山裡面，不能下山，不但沒有辦法接受任何教育，連身分證都沒有。天下還有比這更不公平、更不人道的事嗎？

我們召集了退休的老師去那裡教書，暑假時大家帶孩子去那裡做志工，在幫助痲瘋村的孩子時，我們也教育了自己的孩子。現在這些痲瘋村的孩子都已長大念到中學畢業，也下山去到青島接受技職訓練了。這些志工朋友都不求出名默默行善，台灣人的愛心令我感動，很驕傲自己是這一群人中的一個，我們都盡了我們的力，讓生命成為一場公平的競爭。

去痲瘋村、到山地服務、去做各種親子座談演講，讓我看到自己生命的意義，人活著必須對別人有益，不然就變成社會的寄生蟲。「施比受更有福」是對的，我們以為是替別人服務，其實真正受益的是自己。

善盡做老師的責任

我知道現在很多人不愛讀書，但是不可諱言的，閱讀還是改變人思想最好的方法。核心的價值觀和人生觀必須從小建立，若是父母無暇教，學校又只會考試，那麼我們只好透過一些好的文章教孩子：為什麼有人萬古留芳，如岳飛、文天祥、史可法、顏真卿，有人遺臭萬年，如秦檜、汪精衛。價值觀的重要性在若沒有它，人生會沒有目標，不知自己活著幹什麼，孩子就會迷失。

剛去美國時，正碰上越戰打得如火如荼，看到美國的大學生挑戰傳統的價值觀：反戰、燒國旗、性解放，但是也看到推翻了原來的價值觀後，因沒有一個新的理念取代，年輕人變得迷惘、徬徨，對事情無法判斷是非，對人生也不知何去何從，因此很多人走上吸食大麻或毒品的路。我曾看過年輕人對越戰歸來的大兵吐口水，在公車上也不讓座，我好生驚訝，因為這些缺手缺腳的傷兵是為國而犧牲，即使要怪也應該怪政府的政策不對，不該出兵遠東，怎麼把錯怪到跟他們年齡差不多的同胞身上了呢？這些大學生的理智和同理心到哪兒去了？

原來文化是一種看不見、摸不著的感覺，它是改變人的潛在力量，能使每個人發揮最大的潛能。文化被破壞後，留下來的是心靈的黑洞，空虛的人生。當一個觀念瓦解，卻沒有新的觀念起而替代時，它帶走的是生活的目標和生命的意義。當年輕人把一切傳統都當做邪惡，卻沒有人告訴他，你不該期待生命要給你什麼，你應該反思你對生命能有什麼貢獻時，他會迷失。

我開始想每天逼著我爬起來去實驗室工作的文化是什麼？最後發現它其實就是父親在我小時候灌輸我的那個「人只要活著就要勞動，做有意義的事」；人要感恩，因為

「一日所需，百工為之」，真正的快樂是當別人跟你一起快樂，自己享福時不要忘了造福別人，以及「己所不欲，勿施於人」等等，這種很傳統的中國士大夫價值觀。

一九九二年我回台灣教書後，發現台灣很多年輕人也跟我在美國校園裡看到的那群大學生一樣，解嚴了，束縛解開了，自由了，沒有人管你了，但是你該做什麼才好呢？很多孩子因此去試禁藥或做各種匪夷所思的事來挑戰大人的底線。他們不知道的是，這些不好的行為會改變他的大腦，因為大腦是凡走過必留下痕跡，就像很多學生覺得拉K沒關係，結果膀胱纖維化、容積變小，需要不停上廁所，最後終身得包著尿片才能出外工作。

人生有許多事是不能逆轉的，再回頭真的已是百年身了。所以我開始把一些所看到的不正確觀念和行為寫在專欄和報紙上提醒家長和老師，更把在實驗室中有關大腦的正確知識傳播出去，就是希望可以影響我們的下一代。這些專欄文章集結起來，變成《講理就好》這序列的十本書。

《左傳．襄公》上說：「太上有立德，其次有立功，其次有立言。」立德，我沒有那麼偉大；立功，在二十一世紀幾乎是不可能；那麼只剩下立言了。其實，我寫這一系列書也不是為了「三不朽」，而是我看到了一個做老師的責任。人生不能逆轉，古人說

「一失足成千古恨，再回頭已百年身」，我在少年感化院、在監獄看到很多絕頂聰明的人，因為小時候沒有父母關心、沒有人教導，誤入歧途，他們要在這個充滿歧視的社會再回頭，難度不下「百年身」，所以我盡量的講，也盡量的寫，希望有些話被孩子聽進去後，對他有用，使他減少重蹈別人覆轍的時間。這是做老師的責任。

曾經看過一段深得我心的話：一百年以後，你在銀行有多少錢，你住什麼樣的房子、開什麼樣的汽車，已經無人在意了；但是假如你開啟了一個孩子的心智，使他變成一個不一樣的人，這個世界因為這孩子而不一樣，而這孩子是因你而不一樣，那你就沒有白過一生了。

國家圖書館出版品預行編目（CIP）資料

理尚往來 : 新未來公民的品德素養 / 洪蘭著 . --
二版 . -- 臺北市 : 遠流出版事業股份有限公司 ,
2021.08
面 ; 公分 . -- (洪蘭作品集 ; A3419)

ISBN 978-957-32-9157-2(平裝)

1. 言論集

078 110008540

洪蘭作品集 A3419

理尚往來：新未來公民的品德素養 增訂版

作　　者——洪蘭博士
主　　編——周明怡
封面設計——江儀玲
排　　版——陳佩君

發 行 人——王榮文
出版發行——遠流出版事業股份有限公司
104005 台北市中山北路一段 11 號 13 樓
郵撥／0189456-1
電話／（02）2571-0297　傳真／（02）2571-0197
著作權顧問——蕭雄淋律師

2021 年 8 月 1 日　二版一刷

售價新台幣 300 元（缺頁或破損的書，請寄回更換）

ISBN 978-957-32-9157-2

ylib.com 遠流博識網

http://www.ylib.com　E-mail: ylib@ylib.com